Pense moins, pense mieux

50 stratégies gagnantes pour réduire vos pensées excessives, optimiser votre mental, rééquilibrer votre esprit, mieux gérer vos pensées & vivre de manière plus sereine et efficace.

Sommaire

Sommaire
2

Préface
6

Comprendre et accepter
30

Prenez conscience de vos pensées : Identifiez les moments où votre esprit s'emballe et devenez conscient de ces schémas de pensée.
31

Acceptez vos émotions : Reconnaissez vos sentiments sans jugement et sans tenter de les supprimer.
36

Distinguez les faits des émotions : Pratiquez la séparation entre vos émotions et la réalité objective.
40

Reconnaissez vos biais cognitifs : Identifiez les préjugés et les erreurs de raisonnement qui influencent vos pensées.
44

Soyez curieux de vos pensées : Interrogez-vous sur les raisons derrière vos pensées récurrentes.
48

Évitez les généralisations : Ne laissez pas un incident isolé définir une tendance globale dans votre vie.
52

Reformulez vos croyances : Challengez et reformulez les croyances limitantes qui alimentent vos pensées excessives.
54

Considérez des perspectives différentes : Pratiquez l'empathie cognitive en vous mettant à la place des autres pour voir les situations sous un angle différent.
58

Pratiquez la gratitude : Notez chaque jour trois choses pour lesquelles vous êtes reconnaissant, afin de recentrer vos pensées sur le positif.
60

Dissociez-vous de vos pensées : Rappelez-vous que vous n'êtes pas vos pensées ; elles sont des événements mentaux passagers.
64

Réduire les sources de pensées excessives
67

Limitez l'exposition aux informations : Filtrez les nouvelles et les médias sociaux pour éviter la surcharge d'informations.
68

Supprimez les distractions : Créez un environnement calme, sans distraction, pour minimiser les interruptions mentales.
69

Établissez des limites numériques : Définissez des horaires précis pour l'utilisation des appareils électroniques.
70

Réduisez les notifications : Désactivez les notifications inutiles sur votre téléphone pour réduire les sollicitations.
71

Simplifiez votre espace : Désencombrez votre espace de vie et de travail pour diminuer la surcharge sensorielle.
72

Définissez vos priorités : Identifiez ce qui est vraiment important dans votre vie pour éviter les pensées inutiles.
74

Clarifiez vos objectifs : Fixez des objectifs clairs et réalistes pour diriger votre énergie mentale de manière productive.
76

Évitez la sur-planification : Adoptez une approche flexible et évitez de surcharger votre emploi du temps.
78

Choisissez vos batailles : Concentrez-vous uniquement sur les problèmes qui méritent votre attention.
80

Automatisez les décisions quotidiennes : Créez des routines pour les décisions mineures afin de libérer de l'espace mental.
82

Rééducation de la pensée
84

Pratiquez la méditation : Engagez-vous dans des séances régulières de méditation pour calmer l'esprit.
85

Utilisez des affirmations positives : Remplacez les pensées négatives par des affirmations positives répétées quotidiennement.
86

Visualisez des résultats positifs : Imaginez des résultats réussis pour diminuer l'anxiété liée à l'avenir.
87

Réfléchissez de manière structurée : Utilisez des techniques comme le mind mapping pour organiser vos pensées.
88

Posez-vous des questions constructives : Lorsque vous êtes bloqué dans un schéma de pensée, posez-vous des questions qui orientent vers des solutions.
89

Apprenez à lâcher prise : Acceptez que certaines choses échappent à votre contrôle et laissez-les aller.
90

Pratiquez la pensée réaliste : Réévaluez vos pensées en vous demandant si elles sont basées sur des faits réels.
91

Faites des pauses mentales régulières : Intégrez des micro-pauses dans votre journée pour permettre à votre esprit de se reposer.
92

Développez un état d'esprit de croissance : Croyez que vous pouvez toujours apprendre et vous améliorer.
93

Soyez votre propre avocat : Parlez-vous avec bienveillance et encouragement, comme vous le feriez pour un ami.
94

Gestion des situations stressantes
95

Apprenez à dire non : Refusez poliment les engagements qui pourraient surcharger votre esprit.
96

Pratiquez l'auto-compassion : Soyez indulgent envers vous-même en cas d'erreur ou de faiblesse mentale.
97

Concentrez-vous sur le présent : Utilisez des techniques de pleine conscience pour rester ancré dans l'instant présent.
98

Évitez la pensée catastrophique : Refusez de sauter aux conclusions négatives sans preuves solides.
99

Pratiquez la résilience mentale : Entraînez-vous à rebondir rapidement après des échecs ou des déceptions.
100

Développez des stratégies d'adaptation : Apprenez des techniques de gestion du stress comme la respiration profonde ou le yoga.
101

Préparez-vous pour les imprévus : Ayez un plan pour gérer les situations inattendues sans panique.
102

Limitez les anticipations négatives : Ne vous projetez pas dans l'avenir avec des scénarios de pire cas.
103

Évitez la comparaison avec les autres : Concentrez-vous sur votre propre progression plutôt que sur ce que font les autres.
104

Réévaluez les échecs : Voyez les échecs comme des occasions d'apprendre plutôt que comme des catastrophes personnelles.
105

Optimisation de l'équilibre mental
106

Pratiquez des exercices physiques réguliers : L'exercice aide à libérer des endorphines qui apaisent l'esprit.
107

Mangez de manière équilibrée : Une alimentation saine influence positivement la clarté mentale.
108

Assurez-vous d'un sommeil réparateur : Un sommeil de qualité est crucial pour un esprit reposé.
109

Entourez-vous de positivité : Choisissez des personnes et des environnements qui nourrissent votre bien-être mental.
110

Pratiquez la gestion du temps : Planifiez votre journée de manière à équilibrer travail et loisirs.
111

Prenez du temps pour vous : Accordez-vous des moments de détente pour recharger votre esprit.
112

Évitez la procrastination : Adoptez la règle des 2 minutes : si une tâche prend moins de 2 minutes, faites-la immédiatement.
113

Écrivez un journal quotidien : Noter vos pensées chaque jour vous aide à les organiser et à les comprendre.
114

Créez un plan d'action pour les situations de stress : Ayez des stratégies prêtes à l'emploi pour gérer le stress efficacement.
115

Célébrez vos réussites : Prenez le temps de reconnaître vos progrès et vos accomplissements, même les plus petits.
117

Conclusion
119

Préface

Je m'appelle Aurélie, et il y a quelques années, j'étais une véritable adepte du « surmenage mental ». Si c'était un sport olympique, j'aurais certainement été médaillée d'or. Mon esprit était comme un ordinateur avec trop d'onglets ouverts, chacun représentant une inquiétude, une pensée, un souvenir embarrassant de collège (vous savez, ce genre de souvenir qui vous fait frissonner rien qu'en y pensant), ou une décision à prendre. C'était un véritable chaos.

Le début de la spirale

Tout a vraiment commencé le jour où j'ai décroché cette fameuse promotion, celle que j'attendais depuis des mois, voire des années. J'avais travaillé dur, fait des heures supplémentaires, accepté des projets que personne d'autre ne voulait, tout ça pour prouver que j'étais capable de gérer des responsabilités plus importantes. Quand mon patron m'a appelée dans son bureau pour m'annoncer la nouvelle, je me souviens avoir ressenti un mélange d'euphorie et de fierté. Enfin, tout ce travail acharné payait.

Je suis sortie du bureau ce jour-là avec un sourire éclatant, mes collègues me félicitant à chaque coin de couloir. C'était comme si je marchais sur un nuage. J'étais au sommet du monde, convaincue que ma carrière venait de prendre un tournant décisif. Le soir, j'ai fêté ça avec quelques amis dans notre bar habituel. Ils ont levé leurs verres à « Aurélie, la future PDG ! » en plaisantant. J'ai ri, mais une petite voix dans ma tête a commencé à murmurer : « *Et si tu ne réussissais pas ?* »

Les premières semaines dans mon nouveau rôle ont été un tourbillon. Les réunions, les décisions à prendre, les e-mails à répondre, les nouveaux projets à gérer... tout s'accélérait. Je me réveillais chaque matin avec un mélange d'excitation et de peur, l'estomac noué, mais prête à affronter la journée. Mais au fil du temps, cette peur a commencé à prendre le dessus.

Je me souviens très précisément d'une journée en particulier. C'était un mardi, un jour banal en apparence. J'avais un agenda rempli de réunions, et l'une d'elles, en fin de matinée, était particulièrement importante. J'étais censée présenter un rapport sur un projet clé devant le comité de direction. J'avais préparé cette présentation pendant des jours, peaufinant chaque détail, anticipant toutes les questions possibles.

Mais ce matin-là, en me levant, quelque chose clochait. Je me sentais bizarrement détachée, comme si mon esprit flottait au-dessus de mon corps. J'ai essayé de me concentrer en buvant mon café habituel, mais même ce rituel réconfortant n'avait pas d'effet. Sur le chemin du travail, dans le métro bondé, j'ai commencé à sentir une pression dans ma poitrine, une sensation oppressante qui montait doucement, presque imperceptiblement.

Arrivée au bureau, je me suis installée à mon poste, mais impossible de me concentrer. Chaque fois que je tentais de me plonger dans mes notes, mon esprit se dispersait. Une petite voix me disait : « *Et si tu oubliais quelque chose d'important ? Et si tu disais quelque chose de stupide devant tout le monde ? Et si...* ». Ces pensées tournaient en boucle, s'amplifiant de minute en minute, comme un vieux disque rayé. J'avais l'impression d'étouffer sous le poids de mes propres attentes.

Finalement, le moment est arrivé. Je me suis levée pour rejoindre la salle de réunion, mes jambes soudainement lourdes, comme si elles refusaient de me porter. En entrant dans la pièce, j'ai été frappée par le regard attentif de tous ces cadres supérieurs, leurs yeux fixés sur moi. Mon cœur s'est mis à battre à toute allure, si fort que j'avais l'impression que tout le monde pouvait l'entendre.

Je me suis placée devant l'écran, la télécommande de la présentation tremblant légèrement dans ma main. J'ai commencé à parler, mais les mots ne venaient pas comme je l'avais répété. Mon esprit était comme un puzzle dont les pièces s'étaient mélangées. Je trébuchais sur mes phrases, je perdais le fil de mes pensées, et chaque seconde qui passait me semblait une éternité. À un moment donné, j'ai levé les yeux et j'ai vu l'expression sur le visage de mon patron : il était partagé entre l'inquiétude et la déception.

C'était comme une gifle en plein visage. Tout ce pour quoi j'avais travaillé si dur, tout ce que j'avais sacrifié pour cette promotion, semblait s'effondrer sous mes yeux. Après la réunion, je me suis enfermée dans une salle de bain, prétendant que j'avais besoin d'une pause. Là, seule face à mon reflet, j'ai laissé les larmes couler. Des larmes de frustration, de peur, de honte.

Ce jour-là, quelque chose s'est brisé en moi. Je me suis rendue compte que je n'étais plus en contrôle. Ce n'était plus seulement une question de gestion de stress, c'était un problème plus profond, plus insidieux. Chaque jour après ça, le simple fait de me rendre au travail devenait une épreuve. Je perdais confiance en moi, je doutais de toutes mes décisions, je m'interrogeais sur chaque choix que je faisais.

Les pensées se bousculaient dans ma tête du matin au soir, une cacophonie incessante. Je remettais en question mes compétences, je me reprochais de ne pas être à la hauteur, et je m'inquiétais pour des détails insignifiants comme si ma vie en dépendait. C'était comme si mon esprit était devenu une jungle inextricable où je m'égarais chaque jour un peu plus.

Les autres ont commencé à le remarquer aussi. Mes collègues me demandaient si tout allait bien, et je répondais toujours par un sourire forcé et un « oui, bien sûr », parce que quoi d'autre pouvais-je dire ? Mais à l'intérieur, je me sentais de plus en plus isolée, incapable de partager ce que je traversais. Je m'enfermais dans mes pensées, tentant de trouver une solution, de comprendre pourquoi tout cela m'arrivait, mais sans succès.

C'est à ce moment-là que j'ai vraiment commencé à comprendre ce qu'était le surmenage mental. Ce n'était pas simplement avoir beaucoup de travail, c'était être envahi par ses propres pensées, paralysé par la peur de mal faire, de décevoir, de ne pas être à la hauteur. C'était comme essayer de courir dans du sable mouvant : plus je luttais, plus je m'enfonçais.

Je pense que c'est là que la spirale a réellement commencé. Une spirale où chaque jour semblait plus difficile que le précédent, où chaque décision, aussi banale soit-elle, devenait un véritable casse-tête. J'étais prise dans un tourbillon mental, un brouillard épais qui obscurcissait tout autour de moi, et je ne savais plus comment en sortir.

En rétrospective, je vois maintenant que ce moment a été le point de départ de mon voyage vers la découverte des 50 étapes que je partage avec vous dans ce livre. Mais à l'époque, tout ce que je savais, c'est que je ne pouvais pas continuer ainsi. Mon esprit était mon pire ennemi, et je devais trouver un moyen de le réapprivoiser, de redonner du sens à mes pensées, de retrouver une certaine clarté dans ce chaos.

Le syndrome du "trop"

Je dois l'admettre, même avant cette promotion, j'étais déjà du genre à me perdre dans mes pensées. Depuis aussi loin que je me souvienne, j'ai toujours été une grande réfléchisseuse – celle qui scrute chaque détail, qui s'attarde sur le moindre mot, qui se demande constamment si elle a bien fait, bien dit, bien choisi. Mes amis m'appelaient souvent la "reine des scénarios", parce que je pouvais imaginer une douzaine de fins différentes à n'importe quelle situation, des plus banales aux plus dramatiques.

Je n'ai jamais été la personne qui traverse la vie sans se soucier du regard des autres. Non, moi, j'étais celle qui, après une soirée entre amis, repassait chaque conversation en boucle dans ma tête, me demandant si j'avais dit quelque chose d'inapproprié, ou si le silence après ma dernière blague n'était pas un signe que tout le monde m'avait trouvée bizarre. À l'époque, je pensais que cette capacité à analyser tout et n'importe quoi était un atout. Ça me rendait plus prudente, plus réfléchie, croyais-je. Mais en réalité, c'était le terreau parfait pour ce qui allait suivre.

Quand j'ai décroché cette promotion, je me suis dit : "*Enfin, tu vas pouvoir montrer à tout le monde ce que tu vaux vraiment.*" J'étais prête à prouver que mon souci du détail et ma tendance à tout anticiper allaient faire de moi une leader impeccable. Ce que je n'avais pas prévu, c'est que cette promotion allait exacerber toutes ces tendances, les transformer en une véritable tempête mentale.

La première semaine dans mon nouveau poste, j'ai senti la pression monter. Il ne s'agissait plus seulement de bien faire les choses, mais de ne rien laisser au hasard. Chaque dossier, chaque décision, chaque e-mail devenait une épreuve de précision et de justesse. Je ne me contentais pas de lire un rapport, je le décortiquais. Chaque mot était scruté, chaque phrase réécrite plusieurs fois. Je passais des heures sur des tâches qui auraient dû en prendre une seule, tout cela parce que je voulais être certaine de tout maîtriser. C'était comme si ma vie entière dépendait de ces détails.

C'est là que le "syndrome du trop" a vraiment pris racine. Trop de responsabilités, trop de décisions, trop d'enjeux. Mais pour quelqu'un comme moi, déjà habituée à se faire des films et à analyser encore et encore chaque situation, ce "trop" est vite devenu écrasant. Je commençais à voir des problèmes là où il n'y en avait pas, à imaginer des scénarios catastrophiques à partir de simples détails. Et le regard des autres, ce miroir dans lequel je scrutais constamment mon reflet, me pesait encore plus lourdement. Qu'allait-on penser de moi si je faisais une erreur ? Si je n'étais pas à la hauteur ?

Je me souviens d'un jour en particulier, où tout a semblé dérailler. J'avais une présentation importante à faire devant toute l'équipe de direction. Rien que d'y penser, mon cœur s'emballait, mes mains devenaient moites. La veille, j'avais révisé mon discours une dizaine de fois, mais ça n'a pas suffi à calmer mes angoisses. Ce matin-là, en me préparant, je passais en revue chaque mot, chaque slide, et plus je le faisais, plus je trouvais des raisons de m'inquiéter. Et si je butais sur un mot ? Et si quelqu'un posait une question à laquelle je ne savais pas répondre ? Et si… Et si… Et si…

Arrivée au bureau, j'étais déjà épuisée, mais mon esprit ne me laissait aucun répit. La présentation a commencé, et dès les premiers mots, j'ai senti le poids des regards sur moi. Mon cerveau tournait à plein régime, non seulement pour me rappeler mon texte, mais aussi pour analyser chaque expression faciale dans la salle. Une tête qui hoche ? C'est bon signe. Un sourcil levé ? Oh non, il n'aime pas ce que je dis. Et ainsi de suite, jusqu'à ce que je me perde complètement dans mes pensées, oubliant même ce que j'étais en train de dire.

La présentation s'est terminée dans un flou, et bien sûr, je suis sortie de là persuadée que j'avais tout raté. Dans l'ascenseur, je révisais déjà mentalement chaque erreur que j'avais pu faire, chaque mot mal choisi. Mon esprit s'emballait, construisant des scénarios où mon patron décidait de retirer la promotion, où mes collègues se moquaient de moi en privé. J'étais tellement absorbée par ces pensées que je n'ai même pas remarqué que j'avais laissé mon sac dans la salle de réunion. J'ai dû y retourner, la tête basse, croisant des collègues que je suis sûre ont vu à quel point j'étais en désordre.

Ce genre de journée, au lieu d'être l'exception, est devenu la norme. Chaque tâche, chaque interaction devenait une source de stress, un terrain fertile pour mes scénarios catastrophes. Au lieu de simplifier ma vie, cette promotion l'a rendue mille fois plus complexe. Mon souci du détail, ma tendance à tout sur-analyser, ce qui avait fait ma force auparavant, se retournait contre moi, transformant chaque jour en une bataille mentale épuisante.

À la maison, ça ne s'arrangeait pas. Même les choix les plus simples, comme quoi manger pour le dîner, devenaient des dilemmes. J'analysais tout : la valeur nutritionnelle, le temps de préparation, si mon conjoint allait aimer ou non. Je faisais défiler les recettes sur mon téléphone, incapable de me décider, jusqu'à ce que la faim finisse par me faire choisir la solution la plus rapide, mais avec ce goût amer d'avoir encore une fois perdu du temps à réfléchir pour rien.

Un soir, en essayant de choisir un film à regarder, j'ai réalisé que je n'arrivais même plus à profiter des moments de détente. J'étais tellement préoccupée par l'idée de faire le "bon" choix que je finissais par ne rien apprécier. Mes soirées, censées être un moment de repos, étaient devenues une extension de mes journées stressantes. Mon conjoint, lui, commençait à s'impatienter. "Tu peux pas juste choisir quelque chose ? On passera à autre chose si ça ne nous plaît pas !" Mais pour moi, c'était impossible. Je ne pouvais pas simplement "passer à autre chose". Chaque choix avait des conséquences, du moins dans ma tête.

C'est là que le "trop" s'est transformé en une véritable paralysie. Chaque décision, même la plus insignifiante, devenait une source de tension. Mon esprit était constamment en ébullition, anticipant, imaginant, s'inquiétant. J'étais épuisée, incapable de lâcher prise, incapable de vivre simplement le moment présent.

C'est ce qui m'a finalement conduite à cette prise de conscience cruciale : je devais trouver un moyen de sortir de cette spirale infernale. Mon cerveau, qui était censé être mon meilleur allié, était devenu mon pire ennemi. Je savais que je ne pouvais plus continuer ainsi, à ce rythme, je finirais par m'effondrer. Il était temps de reprendre le contrôle, de réapprendre à penser, mais de penser mieux, de manière plus saine et plus productive. Et c'est ainsi que j'ai commencé à chercher des solutions, à élaborer les stratégies que je partage aujourd'hui avec vous dans ce livre. Parce que si j'ai pu m'en sortir, je suis convaincue que vous le pouvez aussi.

L'histoire du supermarché

Ah, le supermarché. Si vous m'aviez dit un jour que choisir des yaourts deviendrait l'une des expériences les plus stressantes de ma vie, je vous aurais ri au nez. Mais ce jour-là, dans l'allée des produits laitiers, j'ai appris une leçon humiliante sur ce que le surmenage mental peut faire à une personne.

C'était un soir en semaine, après une journée interminable de réunions, de prises de décisions cruciales (du moins, c'est ce que je croyais à l'époque), et d'échanges d'e-mails stressants. Je me suis retrouvée au supermarché, poussant mon chariot avec une lassitude qui me pesait jusqu'aux os. Tout ce que je voulais, c'était acheter quelques provisions pour la semaine et rentrer chez moi, peut-être enfin me détendre. Mais c'était sans compter sur l'épreuve des yaourts.

Je me suis arrêtée devant l'étagère, face à une multitude de choix : yaourt grec nature, yaourt à la fraise, à la vanille, avec ou sans sucre, avec des graines de chia, bio, non-bio… et la liste continuait. Une décision que j'aurais normalement prise en quelques secondes s'est soudainement transformée en un véritable dilemme. Je me suis surprise à tenir un pot dans chaque main, pesant les avantages et les inconvénients de chacun, comme si ma vie entière en dépendait.

"Le yaourt grec nature est probablement plus sain... mais celui à la fraise, c'est un petit plaisir. Mais est-ce que je ne devrais pas me faire plaisir après cette journée de folie ? Oui, mais est-ce que c'est vraiment raisonnable ?"

J'étais là, à débattre avec moi-même, totalement figée. Les minutes passaient, les gens autour de moi continuaient leurs courses sans encombre, et moi, j'étais incapable de choisir entre deux pots de yaourt. C'est à ce moment-là qu'une grand-mère est passée à côté de moi, m'a regardée brièvement, puis a pris un pack de yaourts nature sans la moindre hésitation, avant de continuer son chemin d'un pas tranquille. Je l'ai observée avec une sorte d'envie absurde. Comment pouvait-elle être si sûre de son choix ? Pourquoi moi, une adulte responsable, diplômée, avec un poste à responsabilités, ne pouvais-je pas en faire autant ?

Ce petit incident, aussi ridicule qu'il puisse paraître, a été un moment de révélation pour moi. Je me suis rendu compte que mon esprit était tellement saturé, tellement surchargé, que même les décisions les plus simples devenaient des montagnes insurmontables. Le supermarché, un lieu anodin, était devenu pour moi une scène de panique mentale. Et ce n'était qu'un yaourt... que se passerait-il pour des décisions vraiment importantes ?

Finalement, j'ai fini par prendre les deux pots, juste pour en finir. Mais en sortant du magasin, j'avais l'impression d'avoir couru un marathon, épuisée par ce qui aurait dû être une tâche banale. Ce soir-là, en rangeant mes courses, j'ai réalisé à quel point j'étais allée loin dans cette spirale infernale. Quelque chose devait changer.

Les nuits blanches

Les nuits, c'est là que le véritable enfer commençait. Vous savez, il y a ces moments où vous êtes allongé dans votre lit, la lumière éteinte, et vous espérez naïvement que le sommeil viendra vous chercher rapidement. Pour moi, ces moments étaient devenus des heures interminables de torture mentale. J'appelais ça "le festival nocturne des pensées". Tous les soirs, c'était la même chose : une fois la tête posée sur l'oreiller, mon cerveau décidait qu'il était temps de refaire le monde. Et pas de manière constructive, non. C'était plutôt un feu d'artifice de doutes, d'anxiétés et de scénarios catastrophiques.

Je me souvenais de chaque réunion, chaque conversation, chaque décision de la journée, comme si mon esprit était un magnétoscope en mode replay. Mais ce n'était pas tout. Mon cerveau aimait aussi se lancer dans des projections hypothétiques : *"Et si demain tu ne réussissais pas à finir ce dossier à temps ? Et si ton patron te convoquait pour te dire que tu n'es pas à la hauteur ? Et si... Et si..."* Ces "et si" étaient mes compagnons nocturnes, et ils avaient une imagination débordante.

Je passais en revue chaque mot que j'avais prononcé dans la journée, chaque geste, chaque expression sur le visage de mes collègues. *"Est-ce que Marc a levé les sourcils quand j'ai parlé de ce projet ? Est-ce que Sophie m'a vraiment écoutée ou faisait-elle semblant ? Ai-je oublié de répondre à cet e-mail important ? Qu'est-ce que cela signifie pour ma réputation si j'ai fait une erreur ?"* Mon esprit s'engageait dans une véritable autopsie mentale, décortiquant tout en mille morceaux, cherchant la moindre trace d'une faute, d'une erreur qui pourrait me nuire.

Et puis, il y avait les souvenirs embarrassants. Vous savez, ces moments gênants qui datent de plusieurs années, mais qui reviennent vous hanter sans prévenir, comme ce jour au collège où j'avais trébuché devant toute la classe en essayant de répondre à une question. Pourquoi, pourquoi diable mon cerveau choisissait-il ces moments-là pour ressortir ces vieilles histoires ? Comme si je n'avais pas déjà assez de problèmes à gérer !

Chaque nuit se terminait souvent de la même manière : moi, les yeux grands ouverts, fixant le plafond, l'esprit en ébullition, le cœur battant à tout rompre, submergée par un flot ininterrompu de pensées. Parfois, je me retrouvais à pleurer silencieusement, frustrée par cette incapacité à trouver le repos, à éteindre ce cerveau qui refusait de se calmer. J'étais épuisée avant même que la journée ne commence.

Le pire, c'était que cette fatigue accumulée rendait mes journées encore plus difficiles. J'avais de moins en moins de patience, je devenais irritable, mes capacités de concentration diminuaient, et bien sûr, cela ne faisait qu'alimenter mon stress et mes nuits blanches. C'était un cercle vicieux duquel je n'arrivais pas à sortir. Je me levais le matin avec une boule au ventre, déjà anxieuse à l'idée de devoir affronter une nouvelle journée avec si peu de sommeil et tant d'inquiétudes en tête.

Une nuit, après des heures passées à tourner dans mon lit, j'ai fini par me lever, épuisée mais incapable de rester allongée. Je me suis assise à la table de la cuisine avec une tasse de thé, regardant l'horloge qui avançait lentement vers l'aube. À ce moment-là, j'ai compris que quelque chose devait changer. Je ne pouvais plus continuer comme ça, à vivre chaque jour comme une bataille perdue d'avance, à être l'otage de mes propres pensées.

Je devais trouver un moyen de calmer cet esprit turbulent, de rompre avec ces nuits blanches qui me détruisaient. C'était plus qu'une question de bien-être ; c'était une question de survie mentale. Ce soir-là, j'ai pris la décision de reprendre le contrôle, de chercher des solutions pour apaiser mon esprit et retrouver un semblant de paix intérieure. Et c'est ainsi que j'ai commencé à élaborer les stratégies qui allaient, petit à petit, me sortir de ce brouillard mental et me permettre de retrouver des nuits paisibles. Parce que, franchement, tout le monde mérite de dormir sur ses deux oreilles, sans être assailli par les fantômes de ses pensées.

La spirale descendante

Mais ce n'était pas seulement au travail que les choses se compliquaient. Ma vie personnelle n'était pas épargnée non plus. J'étais tellement préoccupée par mes pensées que j'avais commencé à négliger mes amis, ma famille, et même moi-même. J'annulais des sorties, je déclinais des invitations, tout ça parce que j'avais trop de choses en tête, trop de questions sans réponse. Mon réfrigérateur était souvent vide, mon appartement en désordre, et mon chat, Muffin, m'évitait de plus en plus (peut-être parce que j'oubliais souvent de remplir sa gamelle).

Un jour, ma meilleure amie, Sophie, m'a confrontée lors d'un déjeuner que j'avais essayé d'annuler pour la troisième fois. Elle m'a regardée droit dans les yeux et m'a dit : « Aurélie, qu'est-ce qui se passe ? On dirait que tu es ailleurs tout le temps. On s'inquiète tous pour toi. » C'est là que j'ai réalisé à quel point j'avais laissé mes pensées prendre le dessus sur ma vie. J'étais physiquement présente, mais mentalement, j'étais constamment perdue dans mes propres labyrinthes de réflexion.

Le déclic

Le vrai tournant est arrivé un soir où j'ai craqué pour de bon. Après une énième journée de travail où rien ne s'était passé comme prévu, et une dispute ridicule avec mon conjoint à cause du choix d'un film (oui, encore une fois, le choix...), j'ai fondu en larmes. Mais ce n'était pas des larmes de frustration habituelles. Non, c'était comme si un barrage avait cédé. Tous les doutes, toutes les peurs, toutes les angoisses accumulées au fil des mois sont sorties d'un coup. J'avais l'impression de me noyer dans mes propres pensées.

Ce soir-là, j'ai décidé qu'il était temps de changer. Je ne pouvais plus continuer ainsi. Je ne pouvais plus me permettre de laisser mes pensées me contrôler et ruiner ma vie. J'avais besoin de trouver une solution, un moyen de reprendre le contrôle de mon esprit et de rééquilibrer ma vie.

La quête du changement

Après des semaines, voire des mois, de cette spirale infernale, où mes pensées tournaient en boucle sans jamais s'arrêter, j'ai atteint un point de rupture. Vous savez, ce moment où vous réalisez que si vous continuez sur cette voie, quelque chose en vous va céder. Ce n'était pas un coup de tonnerre, pas une épiphanie soudaine. C'était plus une sorte de fatigue profonde, une lassitude qui m'avait envahie. J'étais épuisée d'être constamment sur le qui-vive, fatiguée de me battre contre mon propre esprit. J'avais perdu de vue qui j'étais, et pire encore, je ne savais plus où aller.

C'est à ce moment-là que j'ai décidé qu'il fallait que je fasse quelque chose. Je n'avais pas de plan, pas d'idée précise de ce que ce "quelque chose" pourrait être. Tout ce que je savais, c'était que je ne pouvais pas rester dans cet état. C'était comme si j'étais coincée dans une pièce sans fenêtre, cherchant désespérément une sortie. Il fallait que je trouve un moyen de briser ce cercle vicieux.

Alors, j'ai fait ce que toute personne rationnelle (et désespérée) ferait à ma place : j'ai commencé à chercher des réponses. Je me suis plongée dans les livres, car il me semblait que quelque part, quelqu'un devait avoir trouvé une solution à ce qui m'arrivait. Le développement personnel, la gestion du stress, la méditation, la pleine conscience... J'étais prête à tout essayer. J'ai acheté des piles de livres, suivi des webinaires, regardé des vidéos de "coachs de vie" sur YouTube, espérant y trouver ce petit quelque chose qui ferait basculer la balance en ma faveur.

Mais au début, rien de tout cela n'a vraiment fonctionné. Chaque méthode semblait soit trop simpliste pour être efficace, soit trop complexe pour être appliquée dans ma vie déjà chaotique. Je me retrouvais souvent encore plus frustrée après avoir essayé une nouvelle technique, me demandant pourquoi cela semblait si facile pour les autres, mais pas pour moi.

Je me souviens avoir suivi un séminaire en ligne sur la "pensée positive". Le conférencier, avec un sourire éclatant et une énergie débordante, nous encourageait à "changer notre perspective" et à "voir le bon côté des choses". Je l'écoutais, sceptique, essayant de me convaincre que cette simple inversion de mes pensées pourrait résoudre tous mes problèmes. Mais à la fin du séminaire, lorsque j'ai essayé de mettre ces conseils en pratique, je me suis retrouvée face à la même impasse : mes pensées négatives étaient tenaces, ancrées profondément dans mon esprit. Les ignorer ou les remplacer par des affirmations positives semblait tout bonnement impossible.

À un moment donné, j'ai même essayé le yoga. Mes amis ne tarissaient pas d'éloges sur cette pratique, la décrivant comme une voie vers la paix intérieure. J'ai donc acheté un tapis, enfilé des vêtements confortables, et me suis inscrite à des cours. Mais au lieu de trouver la sérénité, j'étais constamment distraite par mes pensées pendant les séances. À chaque posture, mon esprit se mettait à vagabonder : "*Est-ce que je fais bien ce mouvement ? Oh, et si je ne suis pas assez souple ? Et cette échéance au travail, comment vais-je la gérer ?*" Je sortais de chaque séance plus tendue qu'avant, me demandant si ce n'était pas moi le problème, incapable même de profiter d'une activité censée apaiser.

Cette quête du changement ressemblait davantage à une suite d'échecs qu'à un véritable progrès. J'avais l'impression de courir après une ombre, sans jamais réussir à l'attraper. Chaque échec renforçait cette voix intérieure qui me murmurait que j'étais irrécupérable, que mon esprit était tout simplement trop compliqué pour être apaisé.

La lueur d'espoir

Puis un jour, presque par hasard, j'ai eu une lueur d'espoir. Cela n'a pas commencé par un grand moment de révélation, mais plutôt par une petite prise de conscience. C'était un soir, après une énième journée épuisante. Je venais de rentrer chez moi, et par automatisme, j'ai attrapé un livre qui traînait sur ma table basse, un de ces nombreux livres de développement personnel que j'avais accumulés. C'était un livre sur la gestion de l'anxiété. Rien de bien extraordinaire, pensai-je. Mais à ce moment précis, quelque chose dans les mots que je lisais a résonné en moi.

L'auteur expliquait que le problème n'était pas tant la quantité de nos pensées, mais plutôt la manière dont nous les laissons nous contrôler. Il disait que nos pensées ne sont rien d'autre que des événements mentaux, et qu'en fin de compte, nous avons le pouvoir de choisir lesquelles écouter et lesquelles laisser passer. Cela paraît simple, mais pour moi, c'était une idée radicale. Je n'avais jamais considéré mes pensées sous cet angle. Pour moi, elles étaient tout, elles définissaient qui j'étais. Mais que se passerait-il si je commençais à les voir comme des visiteurs passagers, plutôt que comme des vérités absolues ?

Cette idée m'a obsédée pendant des jours. J'ai commencé à prêter attention à mes pensées, à les observer plutôt qu'à les subir. J'ai commencé à me demander : "*Et si je n'avais pas besoin de tout contrôler, de tout prévoir ? Et si je pouvais juste laisser certaines pensées passer, comme des nuages dans le ciel ?"* Cette simple question a ouvert une porte que je ne savais même pas être là.

Peu à peu, j'ai commencé à expérimenter. Au lieu de réagir immédiatement à chaque pensée anxieuse, je me suis entraînée à prendre une pause, à respirer, à observer cette pensée sans y répondre immédiatement. Au début, c'était difficile. Mon esprit, habitué à réagir instantanément, protestait. Mais avec le temps, j'ai commencé à sentir un léger changement. Les pensées qui autrefois me dominaient commençaient à perdre de leur emprise.

Un matin, alors que je m'apprêtais à partir pour le travail, j'ai réalisé que quelque chose avait changé. Je me sentais plus légère, moins accablée par le poids des décisions à prendre. Ce n'était pas une transformation miraculeuse, mais plutôt une série de petites victoires. Comme lorsque j'ai réussi à ignorer une pensée négative qui me disait que je n'étais pas à la hauteur, ou lorsque j'ai pu m'endormir sans revoir en boucle les erreurs de la journée.

Cette lueur d'espoir, aussi ténue soit-elle, m'a donné la force de continuer. J'ai commencé à assembler les pièces du puzzle, à chercher d'autres méthodes, d'autres stratégies qui pourraient m'aider à renforcer ce nouveau mode de pensée. Chaque petite victoire renforçait ma conviction que je pouvais changer, que je pouvais reprendre le contrôle de mon esprit.

Il y avait encore des jours difficiles, bien sûr. Des jours où les vieilles habitudes revenaient en force, où les pensées envahissantes tentaient de reprendre leur place. Mais à chaque fois, je me rappelais cette idée simple : je n'étais pas obligée d'écouter toutes mes pensées. Je pouvais choisir. Et cette simple notion m'a donné un pouvoir que je ne savais pas posséder.

C'est à partir de cette lueur d'espoir que j'ai commencé à élaborer ma propre approche, un mélange de techniques et de réflexions personnelles, qui m'ont aidée à transformer mon rapport à mes pensées. Ces stratégies, que j'ai affinées au fil du temps, sont ce que je partage avec vous dans ce livre. Parce que si cette lueur d'espoir a pu m'éclairer dans les moments les plus sombres, je suis convaincue qu'elle peut faire de même pour vous.

Les premiers résultats

Les premiers signes de changement ne sont pas arrivés comme un coup de tonnerre. Ils ont plutôt fait leur apparition comme une brise légère, presque imperceptible, mais indéniablement rafraîchissante. Après des semaines passées à m'entraîner à observer mes pensées plutôt qu'à les subir, j'ai commencé à remarquer de petites victoires. Ce n'était rien de spectaculaire, pas de transformations radicales d'un jour à l'autre, mais plutôt des moments de clarté qui, mis bout à bout, ont commencé à faire une différence.

Je me souviens d'une réunion particulièrement tendue avec mon équipe, où j'aurais normalement été paralysée par l'anxiété, craignant de dire quelque chose de travers, ou pire, de ne rien dire du tout et de passer pour une incompétente. Ce jour-là, cependant, j'ai abordé la réunion avec une approche différente. J'avais passé la veille à préparer mes points, comme toujours, mais cette fois, j'avais aussi pris le temps de me rappeler que toutes ces pensées catastrophiques qui surgissaient avant la réunion n'étaient que cela : des pensées, des hypothèses, pas des réalités.

À ma grande surprise, au lieu de m'enliser dans un flot d'inquiétudes, j'ai réussi à me concentrer sur l'essentiel. Je me suis exprimée avec assurance, sans m'égarer dans des scénarios hypothétiques. À la fin de la réunion, non seulement j'avais dit ce que j'avais à dire, mais en plus, j'avais réussi à capter l'attention et le respect de mes collègues. Un simple "Bien joué, Aurélie", de la part de mon patron, a suffi à me donner l'impression d'avoir franchi une montagne.

Cette petite victoire a eu un effet boule de neige. Le lendemain, j'ai commencé ma journée avec un sentiment de calme nouveau. Ce n'était pas une confiance écrasante, mais une sorte de sérénité discrète, une certitude que, peut-être, je pouvais gérer les choses. J'ai remarqué que mes décisions au travail étaient plus fluides, moins paralysantes. Je n'étais plus figée devant l'écran à douter de chaque mot que j'écrivais dans un e-mail. Les réponses venaient plus naturellement, et surtout, elles étaient moins empreintes de cette peur constante de mal faire.

Chez moi, j'ai commencé à voir les choses différemment aussi. Mon conjoint, qui avait remarqué mes efforts, m'a dit un soir, à demi-mot, qu'il me trouvait "plus présente". Ce commentaire, simple mais sincère, m'a touchée plus que je ne l'aurais cru. J'avais été tellement absorbée par mon propre chaos mental que j'avais perdu de vue les autres aspects de ma vie. Mais maintenant, je commençais à sortir la tête de l'eau, à voir les moments passés avec lui non plus comme des parenthèses dans un tourbillon de pensées, mais comme des moments à savourer.

Même mon chat, Muffin, a semblé noter la différence. Je me suis surprise un matin à jouer avec lui, vraiment jouer, pas juste distraitement lui lancer une balle en pensant à autre chose. Et devinez quoi ? Muffin a recommencé à ronronner sur mes genoux, chose qu'il n'avait pas faite depuis des mois. C'était comme si, en retrouvant un peu de paix intérieure, je diffusais cette tranquillité autour de moi.

Petit à petit, ces moments de calme, ces petites victoires, se sont multipliés. Il y avait encore des jours difficiles, bien sûr, des jours où les vieilles habitudes tentaient de refaire surface. Mais à chaque fois, j'avais de plus en plus d'outils pour les gérer, pour les contrer. Ce qui avait commencé comme une lutte acharnée contre mes pensées était en train de se transformer en un partenariat, un dialogue avec moi-même, où je commençais à reprendre les rênes.

Et c'est à ce moment-là que j'ai compris que j'avais en main quelque chose de précieux. Ce n'était pas seulement une série de techniques que j'avais apprises ici et là, mais un véritable mode de vie, une nouvelle manière d'aborder mes pensées, mon travail, et ma vie en général. Je savais que si cela pouvait fonctionner pour moi, cela pouvait aussi aider d'autres personnes dans la même situation. C'est ainsi que l'idée de développer cette approche en 50 étapes a commencé à prendre forme.

L'approche en 50 étapes

L'idée de créer un plan d'action en 50 étapes n'a pas surgi du jour au lendemain. Au départ, il s'agissait simplement de noter les petites choses qui fonctionnaient pour moi, les stratégies qui m'aidaient à reprendre le contrôle. Mais plus je les appliquais, plus je constatais que ces étapes étaient interdépendantes, qu'elles formaient une sorte de système, un ensemble cohérent qui pouvait être suivi, pas à pas, pour sortir du brouillard mental.

Chaque étape représentait une leçon apprise, un moment où j'avais pris conscience de quelque chose de crucial dans ma manière de penser ou de vivre. Par exemple, j'ai compris très vite que la clé n'était pas de tout changer d'un coup, mais de s'attaquer à un aspect de mon quotidien à la fois. Ce principe est devenu la première étape : Commencez par de petites victoires. Plutôt que de me noyer dans la quantité de choses à faire, j'ai appris à me concentrer sur une seule tâche, à la mener à bien, et à savourer cette réussite avant de passer à autre chose.

Une autre étape essentielle que j'ai découverte est celle de "Pratiquer la pleine conscience", non pas comme une injonction à méditer pendant des heures, mais comme une invitation à être présente dans les moments les plus simples de la journée. J'ai commencé par de petites choses : savourer un café sans penser à la réunion à venir, écouter vraiment mon conjoint quand il me parle, au lieu de réfléchir à ce que je devrais dire ensuite. Cette simple pratique a commencé à transformer la qualité de mon quotidien.

Au fur et à mesure que je compilais ces stratégies, je me suis rendu compte que ce que je créais n'était pas simplement une liste, mais un véritable parcours, une carte pour naviguer dans les méandres de l'esprit. Chacune des 50 étapes a été conçue pour s'adresser à un aspect spécifique du surmenage mental. Certaines étapes sont axées sur la gestion des pensées, d'autres sur l'organisation du quotidien, d'autres encore sur le développement de la résilience émotionnelle.

Ce qui rend cette approche unique, c'est qu'elle n'est pas figée. Elle est adaptable, flexible, et surtout, elle est basée sur des expériences réelles, sur des défis concrets que j'ai moi-même traversés. Je ne vous propose pas ici une recette miracle ou une méthode universelle. Ce que je vous propose, c'est un ensemble de stratégies éprouvées, que vous pouvez ajuster et adapter à votre propre rythme, à votre propre vie.

En créant cette approche en 50 étapes, mon objectif était simple : partager avec vous les outils qui m'ont permis de sortir de l'obscurité, de reprendre le contrôle de ma vie, et surtout, de trouver une forme de paix intérieure que je croyais perdue. Ce n'est pas un chemin facile, et il n'y a pas de raccourci. Mais je peux vous assurer d'une chose : chaque pas en vaut la peine.

Ce livre n'est pas seulement un guide, c'est une invitation à transformer votre vie, à réapprendre à penser, à vivre, et à être vous-même, sans le poids écrasant de l'anxiété et des doutes. Chaque étape vous rapproche un peu plus d'une vie plus sereine, plus équilibrée, et plus en accord avec ce que vous êtes vraiment.

Alors, prenez une grande inspiration, et commencez ce voyage avec moi. Vous avez déjà fait le premier pas en ouvrant ce livre. Les 50 suivants vous attendent, prêts à vous aider à créer une vie où vous pensez moins, mais pensez mieux.

N'oubliez pas de rire

Avant de plonger dans ces 50 étapes, je tiens à vous parler de quelque chose de crucial qui m'a accompagnée tout au long de ce voyage : l'humour. Oui, vous avez bien lu. L'humour, cette petite étincelle qui, même dans les moments les plus sombres, peut éclairer notre chemin. Vous voyez, quand vous êtes coincée dans votre tête, jonglant avec un million de pensées et d'anxiétés, il y a deux options : vous pouvez soit vous laisser submerger par la gravité de la situation, soit décider de prendre un peu de recul et, parfois, de rire de l'absurdité de tout cela.

Je ne vous dis pas que l'humour résout tous les problèmes. Mais ce que j'ai appris, c'est que se prendre un peu moins au sérieux, même pour un instant, peut faire une énorme différence. Prenez cette histoire de yaourts, par exemple. À l'époque, j'étais totalement paralysée par l'idée de faire le mauvais choix entre deux pots de yaourt. Aujourd'hui, j'en ris. Franchement, qui aurait cru que choisir entre fraise et nature pouvait devenir un dilemme existentiel ? Le simple fait de pouvoir rire de cette situation m'a aidée à prendre du recul et à réaliser que peut-être, juste peut-être, je prenais la vie un peu trop au sérieux.

C'est là que l'humour devient un allié précieux. Il ne s'agit pas de minimiser vos sentiments ou vos expériences, mais plutôt de reconnaître que parfois, notre esprit a une manière de rendre les choses beaucoup plus compliquées qu'elles ne le sont vraiment. Quand vous vous retrouvez à 3 heures du matin à revoir une présentation en boucle dans votre tête, peut-être que la meilleure réponse n'est pas de paniquer, mais de vous dire : *"Eh bien, si je ne dors pas, au moins je vais battre mon propre record de pensées excessives ce soir."*

Je me souviens d'une autre situation où l'humour m'a littéralement sauvé. C'était lors d'une réunion où j'avais mal interprété un chiffre important dans un rapport. Mon cœur s'est arrêté un instant, et cette vieille habitude de toujours trop analyser a pris le dessus. Je voyais déjà ma carrière s'effondrer sous mes yeux. Mais au lieu de plonger dans un océan d'angoisse, j'ai décidé de faire une blague à mes collègues, en disant quelque chose comme : "Apparemment, mes compétences en mathématiques sont aussi fiables que celles de mon chat." Tout le monde a ri, y compris mon patron, et l'erreur a été corrigée sans drame. L'humour a non seulement détendu l'atmosphère, mais il m'a aussi permis de me rappeler que l'erreur est humaine, et que je pouvais m'en sortir sans me flageller.

Donc, à chaque étape de ce voyage, je vous encourage à emmener l'humour avec vous. Riez de vous-même, souriez à vos petites névroses, et ne vous prenez pas trop au sérieux. La route vers la sérénité mentale est semée d'embûches, mais elle n'a pas besoin d'être sinistre. Et qui sait ? Peut-être qu'un jour, en repensant à vos propres batailles, vous pourrez en rire aussi, et réaliser à quel point vous avez grandi en cours de route.

Pourquoi cela peut marcher pour vous aussi

Vous êtes peut-être en train de lire ceci en vous demandant : *"Tout ça, c'est bien beau, mais est-ce que ça peut vraiment marcher pour moi ?"* Je comprends cette question. Après tout, vous avez probablement essayé mille et une méthodes, lu d'innombrables livres, et peut-être même suivi des conseils qui vous semblaient prometteurs, mais qui n'ont pas vraiment donné les résultats espérés. Alors, pourquoi ce livre, pourquoi ces 50 étapes devraient-ils faire une différence ?

La première chose que je veux vous dire, c'est que je ne vous propose pas une solution magique. Il n'y a pas de baguette magique ici, pas de recette miracle qui vous transformera du jour au lendemain. Ce que je vous offre, c'est quelque chose de plus réel, de plus tangible : une approche qui a été testée et éprouvée, non pas par des théories abstraites, mais par une personne qui a vécu la même lutte mentale que vous.

Je ne suis pas née avec une capacité innée à gérer mes pensées de manière impeccable. Comme vous l'avez lu, j'ai traversé les mêmes tempêtes mentales, les mêmes nuits blanches, les mêmes moments de doute intense. J'ai aussi cherché des solutions, parfois en vain, jusqu'à ce que je trouve ce qui fonctionnait réellement pour moi. Et ce que j'ai découvert, c'est qu'il n'existe pas une seule solution universelle. C'est pourquoi ces 50 étapes ne sont pas des instructions rigides, mais des outils flexibles que vous pouvez adapter à votre propre situation.

Ce qui fait la force de cette approche, c'est qu'elle vous permet d'aller à votre rythme. Vous pouvez commencer par une seule étape, voir comment elle fonctionne pour vous, puis passer à la suivante. Il n'y a pas de pression pour tout faire d'un coup. Chaque petite victoire compte, chaque progrès, aussi minime soit-il, est un pas vers une meilleure maîtrise de vos pensées.

Mais ce qui rend vraiment cette méthode puissante, c'est qu'elle est conçue pour s'adapter à vous. Vous n'avez pas besoin de vous conformer à un modèle préétabli. Vous pouvez prendre ce qui vous parle, expérimenter, ajuster, et même réinventer les étapes pour qu'elles correspondent à votre propre style de vie et à vos besoins uniques. C'est une approche évolutive, qui grandit avec vous, qui s'adapte à vos succès comme à vos échecs, et qui vous accompagne, jour après jour, vers une version plus sereine et plus équilibrée de vous-même.

Je suis convaincue que cela peut marcher pour vous, parce que je l'ai vu fonctionner pour moi, et pour d'autres qui ont entrepris ce même voyage. Vous n'êtes pas seul(e) dans cette quête. La route peut sembler longue et parfois ardue, mais chaque pas que vous ferez avec ces 50 étapes vous rapprochera un peu plus de la clarté mentale et de la paix intérieure que vous méritez.

Alors, si vous êtes prêt(e) à tenter l'aventure, à vous lancer dans ce processus avec ouverture et patience, je suis là pour vous accompagner à chaque étape. Ensemble, nous allons apprendre à penser moins, mais à penser mieux, à transformer ces tempêtes mentales en une mer plus calme, où vous pourrez naviguer avec confiance et sérénité. Vous êtes à l'aube d'un nouveau départ, et je suis ici pour vous dire que cela peut fonctionner, pour vous aussi.

Comprendre et accepter

Prenez conscience de vos pensées : Identifiez les moments où votre esprit s'emballe et devenez conscient de ces schémas de pensée.

Prendre conscience de mes pensées n'a pas été une tâche facile au départ. Mais au fur et à mesure que j'ai appris à observer mes pensées plutôt qu'à me laisser entraîner par elles, j'ai commencé à repérer ces moments où mon esprit s'emballait, où je perdais le contrôle. Voici trois petites anecdotes de ma vie où j'ai réussi à identifier ces schémas de pensée, et comment cela m'a aidée à reprendre les rênes de mon esprit.

Un soir, après une journée déjà bien remplie de réunions et de prises de décisions, j'ai reçu un message de ma collègue Sophie. Elle me demandait si j'avais eu le temps de finaliser un dossier pour le lendemain matin. Mon premier réflexe a été de paniquer. J'avais complètement oublié ce dossier. Mon esprit a immédiatement commencé à tourner en boucle : *"Comment ai-je pu oublier ça ? Sophie va penser que je ne suis pas sérieuse. Et si elle en parle au patron ? Ça pourrait vraiment nuire à ma réputation."*

Au lieu de répondre tout de suite, j'ai relu son message encore et encore, en imaginant toutes les conséquences possibles. Je me suis retrouvée à écrire et réécrire ma réponse, hésitant entre l'honnêteté brute ou une tentative de camouflage. C'est alors que je me suis arrêtée net. Je me suis rendue compte que ce n'était pas la première fois que je réagissais de cette manière. Ce schéma de pensée, cette peur d'être jugée, cette spirale de scénarios catastrophes... c'était un cycle bien trop familier.

J'ai pris une grande inspiration et me suis dit : *"Stop. Pourquoi est-ce que je laisse mon esprit prendre le contrôle comme ça ?"* J'ai alors décidé d'envoyer une réponse simple et honnête, sans trop réfléchir : "JE M'EN OCCUPE CE SOIR, MERCI DE ME

L'AVOIR RAPPELÉ." Cette prise de conscience m'a permis de désamorcer une situation stressante et de reprendre le contrôle.

***

Un autre exemple s'est produit lors d'une réunion hebdomadaire avec mon équipe. Nous discutions d'un nouveau projet, et au cours de la discussion, mon patron a fait un commentaire que j'ai perçu comme une critique indirecte de mon travail. Immédiatement, mon esprit s'est mis en mode "alerte rouge". Je me suis concentrée sur ce commentaire pendant toute la réunion, repassant ses mots en boucle dans ma tête, cherchant des indices dans le ton de sa voix, dans son expression faciale. Je n'écoutais même plus le reste de la discussion.

En sortant de la salle de réunion, j'étais déjà en train de planifier un plan de "redressement" pour corriger cette prétendue erreur. Mais en marchant vers mon bureau, j'ai soudain réalisé que mon esprit avait pris les commandes et m'avait plongée dans une spirale de doutes et d'auto-critiques. Encore une fois, j'étais en train de me faire un film, de laisser une seule remarque me déstabiliser complètement.

Je me suis forcée à m'arrêter et à réfléchir objectivement. Est-ce que ce commentaire était vraiment une critique ? Ou est-ce que mon esprit l'avait exagéré à cause de mes insécurités ? En prenant du recul, j'ai pu voir que j'avais sur-interprété ses paroles. J'ai alors choisi de ne pas laisser cette pensée ruiner ma journée et ai décidé de poser une question de clarification au lieu de rester dans le doute.

***

Une troisième situation qui m'a permis d'identifier mes schémas de pensée s'est produite lorsque ma meilleure amie m'a invitée à un dîner chez elle. En temps normal, j'aurais sauté sur l'occasion, mais ce jour-là, je me suis sentie envahie par une vague de pensées : *"Je suis trop fatiguée, je ne vais pas être de bonne compagnie. Et si je dis quelque chose d'idiot ? Et si je ne parlais pas assez, elle pourrait penser que je ne m'intéresse plus à elle."*

J'ai commencé à rédiger un message pour décliner l'invitation, mais je l'ai réécrit au moins cinq fois, chaque version étant plus vague et plus évasive que la précédente. Mon esprit était déjà parti dans une série d'hypothèses, chacune plus absurde que la précédente. À ce moment-là, je me suis soudainement demandé : *"Pourquoi est-ce que je complique autant les choses ?"*

Je me suis arrêtée, j'ai posé mon téléphone, et j'ai pris une minute pour observer ce qui se passait dans ma tête. C'était toujours le même schéma : la peur du jugement, le besoin d'approbation, la tendance à imaginer le pire. En reconnaissant ces pensées pour ce qu'elles étaient – des constructions mentales et non des réalités – j'ai pu les laisser passer sans y réagir. J'ai finalement accepté l'invitation, et bien sûr, la soirée s'est merveilleusement bien passée, sans aucun des scénarios catastrophes que mon esprit avait imaginés.

Voici 10 moyens efficaces pour identifier les moments où votre esprit s'emballe :

- **Prise de conscience des émotions fortes** : Lorsque vous ressentez soudainement une montée d'anxiété, de peur, de colère ou de tristesse, c'est souvent le signe que votre esprit s'emballe. Prenez un moment pour vous demander ce qui a déclenché cette émotion.

- **Analyse des scénarios catastrophiques** : Si vous vous surprenez à imaginer le pire dans une situation donnée, en visualisant des scénarios qui n'ont probablement aucune chance de se réaliser, c'est un bon indicateur que votre esprit est en train de tourner en boucle.

- **Boucle de rumination** : Quand vous revenez constamment sur un même sujet ou une même pensée, incapable de passer à autre chose, cela signifie que votre esprit est coincé dans une rumination excessive. Essayez de noter combien de fois cette pensée revient.

- **Comportements d'évitement** : Si vous réalisez que vous commencez à éviter certaines situations ou personnes par peur de mal faire ou de mal paraître, c'est un signal que votre esprit est envahi par des pensées négatives ou anxieuses.

- **Autocritique excessive** : Si vous vous critiquez constamment pour des petites erreurs ou si vous vous reprochez des choses que d'autres considèrent comme insignifiantes, c'est un signe que votre esprit est en surchauffe.

- **Difficulté à prendre des décisions** : Si même les décisions les plus simples vous paralysent et que vous vous retrouvez à hésiter longuement entre plusieurs options, cela peut indiquer que votre esprit s'emballe et crée des obstacles là où il n'y en a pas vraiment.

- **Sur-interprétation des signaux sociaux** : Si vous analysez et ré-analysez les mots, les gestes ou les expressions faciales des autres, en essayant de comprendre ce qu'ils pensent de vous, c'est un signe que votre esprit est trop préoccupé par le regard des autres.

- **Nuits blanches ou sommeil agité** : Si vos pensées vous empêchent de dormir, que vous passez des heures à revisiter les événements de la journée ou à anticiper ceux du lendemain, c'est un signe évident que votre esprit ne trouve pas de repos.

- **Perte de concentration** : Si vous avez du mal à vous concentrer sur une tâche parce que vos pensées dérivent constamment vers autre chose, cela indique que votre esprit est trop encombré pour rester focalisé.

- **Sensations physiques de tension** : Si vous ressentez souvent des tensions dans le corps, comme des maux de tête, des douleurs dans la nuque ou les épaules, ou une sensation d'oppression dans la poitrine, cela peut être le résultat d'un esprit surchargé.

Acceptez vos émotions : Reconnaissez vos sentiments sans jugement et sans tenter de les supprimer.

Accepter ses émotions n'est pas toujours facile, surtout quand on est habitué à les rejeter, à les ignorer ou à les combattre. Mais au fil du temps, j'ai appris que reconnaître mes émotions pour ce qu'elles sont, sans les juger, est essentiel pour avancer.

Le jour où j'ai réussi à accepter ma colère c'était une de ces journées où tout semblait aller de travers. Le travail était particulièrement stressant, avec des délais impossibles à respecter et des collègues qui, sans le vouloir, ajoutaient à ma frustration. Je me souviens d'avoir eu un échange tendu avec un collègue au sujet d'un projet. Sa remarque, anodine pour lui, a déclenché en moi une vague de colère que je n'avais pas vue venir.

Mon premier réflexe a été de réprimer cette colère, de la pousser au fond de moi et de faire comme si tout allait bien. Après tout, je ne voulais pas être perçue comme une personne qui perd son sang-froid au travail. Mais plus j'essayais de l'ignorer, plus elle grandissait, se manifestant par une tension dans mes épaules et une irritabilité que je n'arrivais pas à cacher.

Finalement, en rentrant chez moi ce soir-là, j'ai décidé de faire quelque chose de différent. Au lieu d'essayer de repousser cette colère, je me suis assise tranquillement et j'ai reconnu ce que je ressentais. *"Oui, je suis en colère"*, me suis-je dit, *"et c'est normal. Aujourd'hui a été une journée difficile, et j'ai le droit de ressentir cela."* En acceptant cette émotion, j'ai senti une partie de la tension se dissiper. J'ai compris que la colère, comme toutes les émotions, avait un rôle à jouer. Elle m'indiquait que quelque chose n'allait pas, que mes limites avaient été franchies. En l'acceptant, j'ai pu réfléchir à ce qui avait déclenché cette colère et à comment je pouvais y répondre de manière constructive.

***

Un autre moment marquant a été lorsqu'une de mes amies proches a déménagé dans une autre ville. Nous étions très proches, et même si je savais que ce déménagement était une bonne chose pour elle, je ne pouvais m'empêcher de ressentir une profonde tristesse à l'idée de ne plus la voir aussi souvent. Mon instinct initial était de me convaincre que je devais être heureuse pour elle, de rejeter ma tristesse en me disant que ce n'était pas raisonnable de se sentir ainsi.

Pendant plusieurs jours, j'ai essayé de m'occuper l'esprit pour ne pas penser à ce vide qui se créait dans ma vie. Mais un soir, alors que je parcourais les photos de nos moments passés ensemble, la tristesse m'a submergée. Au lieu de la repousser, j'ai décidé de l'accueillir. Je me suis autorisée à pleurer, à ressentir pleinement cette émotion sans la juger. En acceptant ma tristesse, j'ai réalisé qu'il était normal de pleurer la fin d'une époque, tout en étant heureuse pour elle. Cette acceptation m'a permis de vivre cette transition de manière plus sereine, et d'apprécier encore plus les moments que nous pouvions partager, même à distance.

***

Je me souviens d'une grande présentation que je devais faire devant un groupe de cadres supérieurs. Quelques jours avant l'événement, la peur a commencé à s'installer en moi. Mon esprit s'emballait avec des pensées du type "*Et si tu te trompes ? Et si tu perds tes moyens devant tout le monde ?*" Je sentais cette peur monter en moi, avec son lot de symptômes physiques : le cœur qui bat trop vite, les mains moites, la gorge qui se serre.

Mon réflexe habituel aurait été de me dire "C'est ridicule, tu n'as pas de raison d'avoir peur. Arrête ça tout de suite." Mais cette fois, j'ai décidé d'essayer une autre approche. J'ai pris quelques minutes pour m'asseoir et j'ai simplement reconnu ma peur. "*D'accord, j'ai peur. C'est normal. C'est une situation importante, et je veux bien faire.*" En acceptant cette peur, sans tenter de la supprimer ou de la juger, j'ai commencé à comprendre ce qu'elle me disait : que cette présentation comptait pour moi, que je voulais donner le meilleur de moi-même.

Au lieu de me laisser paralyser par cette peur, je l'ai utilisée comme une motivation pour me préparer encore mieux. J'ai pratiqué ma présentation, non pas pour fuir ma peur, mais pour l'accueillir et l'apprivoiser. Le jour venu, j'avais toujours un peu peur, mais cette fois, elle ne m'a pas empêchée de réussir. Elle m'a rappelé que je tenais à ce que je faisais, et cette reconnaissance a rendu l'expérience beaucoup plus gérable.

J'ai fini par réaliser que nos émotions, même les plus inconfortables, ont leur place. En les acceptant, sans les juger ou les repousser, j'ai découvert qu'elles pouvaient devenir des alliées plutôt que des obstacles. Elles m'ont permis de mieux comprendre mes réactions, de grandir, et de naviguer à travers les défis avec plus de sérénité.

D'après mon expérience, voici 7 actions concrètes pour accepter ses émotions et mieux les gérer :

- **Prenez un moment pour identifier l'émotion** : La première étape est de mettre un nom sur ce que vous ressentez. Est-ce de la colère, de la tristesse, de la peur, de l'anxiété ? Prendre conscience de l'émotion spécifique que vous vivez est essentiel pour pouvoir l'accepter.

- **Accordez-vous le droit de ressentir** : Dites-vous que toutes les émotions, même les plus inconfortables, sont légitimes.

Vous avez le droit d'être en colère, triste, ou effrayé. Acceptez que ces émotions font partie de votre expérience humaine sans les juger comme étant "bonnes" ou "mauvaises".

- **Observez l'émotion sans réagir immédiatement** : Lorsque vous ressentez une émotion forte, essayez de l'observer sans y réagir instantanément. Prenez quelques instants pour respirer profondément et laissez l'émotion se manifester sans agir sur le coup de l'impulsion.

- **Exprimez vos émotions de manière saine** : Trouvez des moyens de libérer vos émotions sans les refouler. Cela peut passer par l'écriture, la parole (parler à un ami ou à un professionnel), ou même l'art. L'important est de ne pas garder ces émotions enfouies, mais de leur permettre de s'exprimer.

- **Écoutez ce que vos émotions vous disent** : Chaque émotion a un message. Par exemple, la peur peut indiquer que vous vous sentez menacé, la colère peut signaler que vos limites ont été franchies. Essayez de comprendre ce que vos émotions cherchent à vous communiquer sur vos besoins ou vos valeurs.

- **Pratiquez la pleine conscience** : Intégrez des moments de pleine conscience dans votre journée pour vous reconnecter à vos émotions sans les fuir. En pratiquant des techniques comme la méditation, vous pouvez apprendre à accepter vos émotions en les observant sans les juger.

- **Soyez bienveillant avec vous-même** : Traitez-vous avec la même gentillesse que vous accorderiez à un ami qui traverse une période difficile. Rappelez-vous que ressentir des émotions, même difficiles, ne fait pas de vous une personne faible ou vulnérable. Apprenez à être patient et compréhensif avec vous-même pendant ces moments.

Distinguez les faits des émotions : Pratiquez la séparation entre vos émotions et la réalité objective.

L'une des compétences les plus importantes que j'ai acquises est la capacité à distinguer mes émotions des faits objectifs. Cela signifie apprendre à reconnaître ce que je ressens, tout en identifiant ce qui est réellement en train de se passer.

Je me souviens d'une journée particulièrement stressante où j'ai reçu un e-mail de mon patron. Le message était bref, presque sec : "Nous devons parler de ton rapport. Viens dans mon bureau à 15h." Mon cœur s'est immédiatement serré, et une vague de panique m'a envahie. "*Il doit être mécontent de mon travail*", ai-je pensé. "*Il va sûrement me réprimander, ou pire, remettre en question ma compétence.*"

Au lieu de me laisser submerger par cette émotion, j'ai décidé de prendre un moment pour examiner les faits. Qu'est-ce que je savais réellement ? Mon patron avait demandé à me voir pour discuter du rapport, et c'était tout. Il n'avait exprimé aucune émotion dans son e-mail, aucun jugement. Tout le reste n'était que mon interprétation.

J'ai respiré profondément et je me suis forcée à me concentrer sur ce que je savais vraiment : l'information objective. Quand je suis entrée dans son bureau à 15h, il s'est avéré qu'il voulait simplement discuter d'une clarification mineure. Rien de grave, rien de dramatique. Ce moment m'a appris à ne pas laisser mes émotions colorer ma perception des faits avant de connaître la vérité.

***

Lors d'une réunion d'équipe, j'ai présenté un projet sur lequel j'avais travaillé dur. À la fin de ma présentation, un collègue a fait une remarque constructive : "Je pense que le concept est bon, mais il y a peut-être quelques ajustements à faire pour mieux correspondre aux besoins du client."

Instantanément, j'ai ressenti une montée de défensive et une piqûre d'humiliation. Mon esprit a interprété ses mots comme une critique personnelle : "*Il pense que je n'ai pas bien fait mon travail, que je suis incompétente.*"

Mais avant de répondre, j'ai pris une seconde pour séparer les faits de mes émotions. Le fait était que mon collègue avait fait une suggestion pour améliorer le projet. Il n'avait en rien remis en question mes compétences ou mon travail. C'était mon émotion d'insécurité qui interprétait ses mots de manière négative.

En reconnaissant cette distinction, j'ai pu répondre calmement : "Merci pour ton retour, c'est une bonne idée. Je vais réfléchir à la façon d'intégrer ces ajustements." Cela m'a non seulement permis de rester professionnelle, mais aussi d'améliorer mon travail sans me laisser submerger par une émotion non fondée.

***

Un autre moment où cette compétence a été cruciale s'est produit lorsqu'une amie proche a annulé notre rendez-vous à la dernière minute. Elle m'a envoyé un message court disant qu'elle ne pouvait pas venir, sans donner beaucoup d'explications. Mon esprit s'est immédiatement emballé : "*Elle doit être en colère contre moi, ou peut-être qu'elle ne veut plus passer de temps avec moi. J'ai dû faire quelque chose de mal.*"

Au lieu de laisser cette émotion prendre le dessus, j'ai décidé de m'arrêter et d'analyser la situation. Quels étaient les faits ? Mon amie avait annulé le rendez-vous, c'était tout ce que je savais. Je n'avais aucune preuve qu'elle était fâchée ou qu'elle m'évitait. Tout le reste était une supposition basée sur mon propre sentiment de rejet.

Je l'ai donc appelée pour lui demander si tout allait bien. Elle m'a expliqué qu'elle avait eu une urgence familiale et qu'elle était désolée de ne pas avoir pu me prévenir plus tôt. En posant des questions et en cherchant à connaître les faits réels, j'ai évité de tirer des conclusions hâtives basées sur mes émotions.

Ces anecdotes m'ont appris que nos émotions, bien qu'importantes, ne doivent pas être confondues avec la réalité. Prendre le temps de séparer ce que nous ressentons de ce qui se passe réellement nous permet de réagir de manière plus équilibrée et plus efficace face aux situations difficiles. Cela ne signifie pas ignorer nos émotions, mais plutôt les reconnaître sans les laisser distordre notre perception des faits.

Méthodes efficaces pour distinguer les faits des émotions :

- **Posez-vous des questions simples et factuelles** : Quand une émotion forte surgit, prenez un moment pour vous poser des questions basées uniquement sur les faits. Par exemple, demandez-vous : "*Qu'est-ce qui s'est réellement passé ?*" ou "*Qu'est-ce que je sais avec certitude ?*" Cette démarche vous aide à vous concentrer sur les données objectives, plutôt que sur les interprétations émotionnelles.

- **Identifiez vos interprétations personnelles** : Reconnaissez la différence entre ce qui s'est objectivement passé et la manière dont vous l'avez interprété. Par exemple, si quelqu'un vous fait une remarque, distinguez entre ce qu'il a dit (le fait) et ce que vous avez ressenti ou pensé à propos de cette remarque (votre interprétation). Cela vous permet de voir où vos émotions commencent à colorer votre perception de la réalité.

- **Prenez du recul avant de réagir** : Lorsque vous ressentez une émotion intense, essayez de prendre un moment de recul avant de réagir. Respirez profondément et demandez-vous si votre réaction est basée sur des faits réels ou sur une perception influencée par vos émotions. Ce temps de réflexion peut vous aider à répondre de manière plus rationnelle et équilibrée.

- **Utilisez la technique du journal des émotions** : Tenez un journal où vous notez les événements de la journée, en séparant clairement les faits des émotions ressenties. Par exemple, écrivez d'abord ce qui s'est passé de manière objective, puis notez ce que vous avez ressenti. Avec le temps, cette pratique vous aidera à mieux comprendre comment vos émotions se mêlent aux faits et à les distinguer plus facilement.

Reconnaissez vos biais cognitifs : Identifiez les préjugés et les erreurs de raisonnement qui influencent vos pensées.

Nos esprits ont une façon sournoise de nous jouer des tours, souvent sans que nous nous en rendions compte. Ce sont ces fameux biais cognitifs, ces filtres mentaux qui déforment notre perception de la réalité. Personnellement, j'ai eu ma part de confrontations avec ces petits monstres invisibles. Je vous partage trois moments de ma vie où j'ai identifié mes préjugés et mes erreurs de raisonnement, parfois à mon propre détriment, mais toujours avec une leçon à la clé… et un sourire en coin.

Un matin, j'ai remarqué que mon patron ne m'avait pas saluée comme d'habitude en arrivant au bureau. Immédiatement, mon esprit a plongé dans ce que j'aime appeler le "syndrome de la catastrophe imminente". Mon cerveau, ce champion de la dramatisation, a commencé à me dire : "*Il est sûrement en colère contre toi. Tu as dû faire quelque chose de mal, peut-être ce rapport que tu as envoyé hier ? Il va probablement te convoquer pour te dire que tu es virée.*"

Heureusement, avant de paniquer complètement, j'ai pris un instant pour réfléchir. J'ai reconnu que j'étais en train de succomber à un biais cognitif classique : la pensée catastrophique. En réalité, je n'avais aucune preuve que mon patron était fâché. Quelques heures plus tard, il est passé par mon bureau avec un sourire et m'a demandé comment se passait ma journée. Il s'est avéré qu'il avait simplement été absorbé par un appel téléphonique urgent ce matin-là. Ce moment m'a fait réaliser à quel point j'avais tendance à interpréter des situations banales sous un angle dramatique… et combien j'avais besoin de calmer cette tendance à imaginer le pire.

***

Encore un doux moment au supermarché, celui de mon éternelle hésitation devant un rayon, en particulier dans l'allée des yaourts. Un jour, je me suis retrouvée encore une fois devant le choix cornélien entre yaourt grec nature et yaourt à la fraise. En général, je finissais toujours par prendre le yaourt nature, me disant que c'était le choix le plus "sain". Mais ce jour-là, quelque chose m'a frappée : pourquoi est-ce que je choisis toujours le yaourt nature, même quand j'ai envie de fraise ?

J'ai réalisé que j'étais sous l'influence du biais de confirmation. Je m'étais convaincue depuis longtemps que le yaourt nature était "meilleur" pour moi, sans même envisager que je pourrais tout simplement choisir ce qui me faisait plaisir de temps en temps. En cédant toujours à cette idée préconçue, je me privais de petits plaisirs simples, tout ça à cause d'une idée fixe. Ce jour-là, j'ai pris le yaourt à la fraise, et croyez-moi, il n'y a jamais eu de goût aussi délicieux ! Moralité : parfois, il faut remettre en question ces petites habitudes mentales qui nous enferment dans des choix prévisibles.

***

En plein cœur de la pandémie, alors que tout le monde s'adaptait au télétravail, je me suis souvent retrouvée à m'inquiéter du fait que mes collègues et mon patron puissent penser que je ne travaillais pas assez dur. En particulier, lorsque je n'étais pas constamment disponible sur Slack ou que je ne répondais pas immédiatement à un e-mail, je me disais : "*Ils doivent penser que je me tourne les pouces, ou pire, que je ne fais rien de ma journée.*"

En fait, ce n'était qu'un biais d'attribution négative. Je projetais mes propres insécurités sur les autres, supposant qu'ils voyaient les choses de la même manière que moi. Un jour, après m'être excusée pour la énième fois d'avoir pris dix minutes pour répondre à un e-mail, mon collègue m'a répondu en riant :

"Aurélie, on sait que tu bosses. Pas besoin de te justifier. On est tous dans le même bateau !" Ce commentaire m'a fait réaliser que j'avais complètement surestimé l'importance de ma réactivité, et que mes collègues ne passaient certainement pas leur journée à évaluer chacune de mes actions avec suspicion.

Ces tranches de vie m'ont aidée à prendre conscience de mes biais cognitifs et de la manière dont ils influencent mes pensées et mes comportements. En apprenant à les reconnaître, j'ai pu les désamorcer et voir les situations de manière plus objective, ce qui m'a permis de réduire beaucoup de stress inutile… et de choisir, de temps en temps, un yaourt à la fraise sans culpabilité !

Différentes façons de reconnaître ses biais cognitifs :

- **Prenez du recul lorsque vous ressentez une forte émotion** : Tout comme la partie sur les faits à différencier des émotions il est important de prendre un certain recul. Souvent, les biais cognitifs se manifestent lorsque nous réagissons émotionnellement à une situation. Si vous ressentez une émotion intense, comme de la peur, de la colère ou de l'anxiété, prenez un moment pour vous demander : "*Pourquoi est-ce que je réagis si fortement ? Est-ce que je suis en train de dramatiser ou d'exagérer la situation ?*" Ce questionnement peut révéler un biais cognitif à l'œuvre, comme la pensée catastrophique ou la généralisation excessive.

- **Identifiez les schémas de pensée récurrents** : Si vous remarquez que vous avez tendance à toujours voir les choses d'une certaine manière (par exemple, toujours anticiper le pire, ou toujours penser que les autres vous jugent), il est probable que vous soyez sous l'influence d'un biais cognitif. Essayez de noter ces schémas de pensée récurrents et demandez-vous s'ils sont vraiment fondés sur la réalité ou s'ils sont le produit de votre perception biaisée.

- **Demandez l'avis d'une personne de confiance** : Parfois, nos biais cognitifs sont si profondément enracinés que nous ne les voyons même pas. Parlez de vos pensées ou de vos préoccupations à une personne en qui vous avez confiance et demandez-lui son point de vue. Un regard extérieur peut souvent révéler des biais que vous ne perceviez pas, comme un excès de perfectionnisme ou une tendance à la pensée en noir et blanc.

- **Utilisez l'auto-questionnement critique** : Chaque fois que vous vous surprenez à réagir fortement ou à prendre une décision hâtive, arrêtez-vous et posez-vous des questions comme : "*Quelles preuves ai-je réellement pour croire cela ?*" ou "*Est-ce que je saute aux conclusions sans vérifier les faits ?*" Cette pratique d'auto-questionnement peut vous aider à identifier des biais tels que le biais de confirmation (chercher des informations qui confirment ce que vous croyez déjà) ou le biais d'attribution (attribuer des intentions aux autres sans fondement).

En pratiquant ces techniques, vous pouvez progressivement devenir plus conscient de vos biais cognitifs et apprendre à les reconnaître dans votre vie quotidienne. Cela vous permettra de voir les situations de manière plus objective et de prendre des décisions plus équilibrées.

Soyez curieux de vos pensées : Interrogez-vous sur les raisons derrière vos pensées récurrentes.

Devenir curieuse de mes propres pensées a été une révélation pour moi. Au lieu de simplement accepter ces pensées récurrentes comme une fatalité, j'ai appris à m'interroger sur leur origine et leur signification.

Un jour, lors d'une réunion, j'ai réalisé que j'avais cette pensée récurrente : "*Tu vas sûrement oublier quelque chose d'important.*" Cela m'arrivait souvent, même si je préparais mes notes avec minutie. À chaque réunion, cette pensée revenait, comme une vieille amie un peu trop collante. Au lieu de la balayer comme d'habitude, j'ai décidé de m'interroger : pourquoi est-ce que j'avais si peur d'oublier quelque chose ?

En creusant un peu, j'ai découvert que cette peur venait d'une expérience passée où j'avais effectivement oublié de mentionner un point clé lors d'une réunion cruciale. Cet épisode m'avait laissé un sentiment de honte, et depuis, j'étais obsédée par l'idée de ne plus jamais revivre ce moment. En comprenant cela, j'ai pu aborder mes réunions avec une nouvelle stratégie : accepter que l'oubli est humain, mais aussi me préparer de manière plus détendue, sans cette pression paralysante. Finalement, cela m'a permis de me concentrer davantage sur l'échange plutôt que sur ma crainte d'oublier.

***

Je ne suis pas vraiment une accro aux réseaux sociaux, mais il y a eu une période où je passais beaucoup de temps sur Instagram, à scroller sans fin et à comparer ma vie à celle des autres. Une pensée revenait souvent : "*Pourquoi ma vie n'est-elle pas aussi parfaite que celle-ci ?*" Cela m'affectait au point de me sentir parfois dévalorisée, juste parce que je ne postais pas de photos de couchers de soleil idylliques ou de petits déjeuners healthy.

Un jour, en plein scroll, j'ai décidé de m'arrêter et de me demander : "*Mais pourquoi est-ce que ça me touche autant ?*" En y réfléchissant, j'ai réalisé que cette pensée récurrente était liée à mon besoin de validation sociale, que j'avais tendance à associer ma valeur personnelle à l'image que je projetais, même inconsciemment. En reconnaissant cette tendance, j'ai pu prendre du recul et me rappeler que les réseaux sociaux ne sont qu'une vitrine embellie de la réalité. Cela m'a permis de me détacher de cette comparaison malsaine et de me concentrer sur ce qui me rendait réellement heureuse dans ma vie, même si cela ne faisait pas l'objet de posts parfaits.

***

Chaque matin, mon rituel de café était accompagné d'une pensée récurrente : "*Tu dois absolument être productive dès que tu finis ce café.*" Cette injonction mentale revenait tous les jours, transformant ce qui aurait dû être un moment de détente en une sorte de préparation mentale pour une course contre la montre. Au lieu d'apprécier mon café, je me retrouvais déjà stressée avant même de commencer ma journée.

Un matin, fatiguée de cette pression auto-imposée, j'ai décidé de me poser une question simple : "*Pourquoi est-ce que je ressens ce besoin d'être productive immédiatement ?*" En y réfléchissant, j'ai réalisé que cette pensée était ancrée dans une vieille habitude de vouloir prouver ma valeur en étant constamment occupée. L'idée que "le temps, c'est de l'argent" s'était infiltrée dans ma routine quotidienne, me poussant à transformer chaque minute en productivité tangible. C'était comme si je croyais que le simple fait de prendre un café tranquillement, sans être immédiatement utile, était une perte de temps.

En prenant conscience de cela, j'ai décidé d'expérimenter quelque chose de nouveau. Le lendemain matin, j'ai volontairement laissé mon ordinateur fermé et mon téléphone en mode avion pendant que je buvais mon café. Au lieu de penser à ce que je devais faire ensuite, je me suis concentrée sur le goût du café, la chaleur de la tasse entre mes mains, et les bruits de la rue qui s'éveillait. Ce petit acte de rébellion contre ma propre pensée récurrente m'a permis de redécouvrir le plaisir simple de ce rituel matinal.

En cultivant cette curiosité envers mes pensées, j'ai appris à identifier des schémas mentaux qui, sans que je m'en rende compte, dirigeaient mon quotidien. Lorsque nous prenons le temps de nous interroger sur nos pensées récurrentes, nous découvrons souvent des croyances profondes qui influencent notre comportement. En les mettant en lumière, il devient possible de les déconstruire et de choisir des pensées plus constructives et apaisantes.

Quelques actions concrètes :

- **Identifiez la pensée récurrente et notez-la** : La première étape pour déconstruire une pensée récurrente est de la reconnaître et de la nommer. Prenez l'habitude de noter cette pensée chaque fois qu'elle survient. En l'écrivant, vous la sortez de votre esprit et la rendez plus tangible, ce qui vous permet de l'examiner de manière plus objective. Cela peut être aussi simple que de tenir un petit journal où vous consignez les pensées récurrentes.

- **Interrogez la validité de la pensée** : Une fois que vous avez identifié la pensée, posez-vous des questions pour en tester la validité. Demandez-vous : "Est-ce que cette pensée est basée sur des faits ou sur des suppositions ?" ou "Quelle preuve ai-je réellement que cette pensée est vraie ?" En remettant en question la véracité de la pensée, vous pouvez commencer à la déconstruire et à voir qu'elle est souvent exagérée ou irrationnelle.

- **Remplacez la pensée par une affirmation positive** : Après avoir interrogé la validité de la pensée récurrente, choisissez une affirmation plus positive et réaliste pour la remplacer. Par exemple, si votre pensée récurrente est "Je ne suis pas à la hauteur", remplacez-la par "Je fais de mon mieux et j'apprends chaque jour." Répétez cette nouvelle affirmation chaque fois que l'ancienne pensée refait surface, jusqu'à ce qu'elle devienne plus naturelle.

- **Pratiquez la pleine conscience pour créer de la distance** : La pleine conscience vous aide à observer vos pensées sans vous y identifier. En pratiquant régulièrement la pleine conscience, vous apprenez à voir vos pensées récurrentes comme de simples événements mentaux qui vont et viennent, plutôt que comme des vérités absolues. Cela crée une distance entre vous et vos pensées, vous permettant de les observer sans être submergé par elles.

- **Agissez en contradiction avec la pensée récurrente** : Une des manières les plus efficaces de déconstruire une pensée récurrente est de prendre une action qui la contredit. Par exemple, si vous avez une pensée récurrente qui vous dit "Je n'ai pas le droit de me détendre", forcez-vous à prendre un moment de détente, même si cela semble inconfortable au début. L'action contraire envoie un message fort à votre esprit : cette pensée n'a pas le pouvoir de dicter votre comportement.

En appliquant ces actions, vous pouvez progressivement déconstruire les pensées récurrentes qui vous limitent et les remplacer par des pensées plus constructives et apaisantes. Ce processus demande de la patience et de la pratique, mais avec le temps, il devient plus facile de prendre le contrôle de votre dialogue intérieur.

Évitez les généralisations : Ne laissez pas un incident isolé définir une tendance globale dans votre vie.

Il est étonnamment facile de tomber dans le piège des généralisations. Un petit incident peut soudainement se transformer, dans notre esprit, en une "vérité universelle" qui colore toute notre perception.

Il y a quelques années, j'ai fait une présentation PowerPoint lors d'une réunion importante. J'avais passé des heures à peaufiner chaque slide, mais au moment crucial, le projecteur a décidé de me trahir. Les couleurs étaient toutes délavées, le texte flou, et pire encore, l'animation que j'avais ajoutée avec tant de soin s'est transformée en une série de sauts chaotiques sur l'écran. Je suis sortie de cette réunion rouge de honte, convaincue que j'avais gâché ma réputation en une seule présentation.

Pendant des semaines après cet incident, chaque fois que je préparais une nouvelle présentation, une petite voix dans ma tête répétait : "*Tu es nulle avec PowerPoint, tu ne sais pas faire des présentations.*" J'avais transformé cet échec technique isolé en une généralisation sur mes compétences professionnelles.

Mais un jour, en préparant une autre présentation, j'ai décidé de ne pas me laisser abattre par ce souvenir désastreux. J'ai fait quelque chose de différent : j'ai testé mon PowerPoint sur plusieurs projecteurs à l'avance, et j'ai même prévu une version PDF en cas de problème technique. La présentation s'est déroulée sans accroc, et tout le monde a apprécié le contenu. C'est là que j'ai réalisé que cet incident malheureux n'était qu'un moment isolé, une leçon technique, et non une malédiction sur mes compétences. Finalement, ce que j'ai appris, c'est que je pouvais préparer des présentations impressionnantes... à condition de ne pas me laisser dominer par une généralisation hâtive.

***

Un autre exemple concerne un dîner que j'avais organisé chez moi pour des amis. Je m'étais donné beaucoup de mal pour préparer un repas élaboré, mais tout a commencé à mal tourner dès l'entrée. J'ai brûlé les hors-d'œuvre, oublié de saler le plat principal, et pour couronner le tout, le dessert est resté trop longtemps au congélateur, devenant dur comme du béton. Mes amis ont été adorables, bien sûr, mais je ne pouvais m'empêcher de me dire : *"Tu es une catastrophe en cuisine, tu ne devrais jamais inviter des gens chez toi."*

Pendant un moment, j'ai laissé cet échec cuisiner (c'est le cas de le dire) influencer ma confiance en mes talents culinaires. À chaque fois que je pensais à organiser un autre dîner, cette pensée revenait : *"Pourquoi tu t'embêtes ? Tu vas encore tout rater."* Mais un jour, après avoir refusé plusieurs invitations à rendre la pareille, j'ai décidé de relever le défi.

Cette fois, j'ai simplifié les choses. Pas de menu à six plats, pas de recettes compliquées. J'ai préparé un plat simple mais délicieux, que j'avais testé plusieurs fois auparavant. Le dîner s'est bien passé, tout le monde a adoré, et personne n'a même fait allusion à mon précédent fiasco. Ce succès m'a rappelé que le dîner raté n'était qu'une exception, et non la règle. En évitant de généraliser à partir de cette seule expérience, j'ai retrouvé le plaisir de cuisiner pour les autres… et, en prime, j'ai découvert que parfois, la simplicité est la meilleure recette.

Les généralisations peuvent nous piéger dans des croyances limitantes qui n'ont pas lieu d'être. Chaque situation est unique, et il est essentiel de ne pas laisser un incident isolé définir une tendance globale dans notre vie. En apprenant à voir les choses sous cet angle, j'ai pu éviter de tomber dans le piège des généralisations et profiter pleinement des nouvelles expériences sans le poids des échecs passés.

Reformulez vos croyances : Challengez et reformulez les croyances limitantes qui alimentent vos pensées excessives.

Reformuler mes croyances a été une véritable aventure. J'ai découvert que bon nombre de mes pensées excessives étaient enracinées dans des croyances limitantes que j'avais acceptées sans jamais les remettre en question.

Je suis une grande amatrice de sport, mais pas une athlète de haut niveau, loin de là. Pendant longtemps, j'avais cette croyance limitante : "*Si tu ne gagnes pas ou si tu n'es pas la meilleure, ça ne vaut pas la peine.*" Cela se manifestait particulièrement lors de mes courses à pied. Chaque fois que je participais à une course, je me mettais une pression énorme, croyant que si je ne battais pas mon dernier record ou si je ne finissais pas parmi les premiers, c'était un échec.

Un jour, lors d'une course de 10 km, je me suis retrouvée au milieu du peloton, à bout de souffle, quand un vieil homme d'au moins 70 ans m'a dépassée en courant avec un sourire paisible. D'abord, j'ai senti un petit coup à mon ego : "*Comment ça, un senior me dépasse ?!*" Mais ensuite, j'ai réalisé que cet homme avait l'air de prendre un plaisir immense à courir, sans se soucier des chronos ou des classements. Ce jour-là, j'ai décidé de reformuler ma croyance : "*La course, ce n'est pas qu'une question de performance, c'est avant tout un plaisir.*" J'ai terminé la course avec un sourire, sans me soucier du chronomètre, et j'ai découvert une nouvelle joie dans la course, débarrassée de cette pression inutile.

***

Pendant longtemps, j'étais convaincue qu'être une bonne hôte signifiait organiser des soirées parfaites, avec une décoration digne d'un magazine, des plats gastronomiques, et des activités soigneusement planifiées. Cette croyance me stressait à chaque fois que j'invitais des amis chez moi. Je me mettais la barre si haut que je finissais par ne plus profiter de mes propres soirées.

Un soir, après avoir passé une journée entière à préparer un dîner avec la précision d'un chef étoilé, tout a dérapé : un plat a brûlé, la décoration florale a fané plus vite que prévu, et mes jeux de société prévus ont suscité des rires moqueurs plutôt que l'enthousiasme. Au lieu de m'effondrer, j'ai regardé mes amis qui, malgré tout, semblaient passer une excellente soirée. C'est à ce moment-là que j'ai reformulé ma croyance : "*Être un bon hôte, c'est simplement créer un espace chaleureux où les gens se sentent bien, même si tout n'est pas parfait.*" Depuis, mes soirées sont beaucoup plus détendues, moins orchestrées, et, honnêtement, beaucoup plus amusantes.

***

J'ai toujours adoré les plantes, mais j'avais cette croyance tenace que pour être un bon jardinier, il fallait avoir une "main verte" innée, un talent naturel pour faire pousser n'importe quelle plante. Cette croyance a été renforcée par le fait que, chaque fois que j'essayais de cultiver quelque chose, ça finissait par se flétrir, mourir, ou être dévoré par des insectes. Je m'étais résignée à l'idée que le jardinage, ce n'était tout simplement pas pour moi.

Un jour, après avoir lamentablement échoué à faire pousser des tomates (encore une fois), une voisine m'a gentiment fait remarquer que je n'avais jamais vraiment pris le temps d'apprendre à m'occuper correctement de mes plantes. Elle m'a prêté un livre sur le jardinage pour débutants, et j'ai réalisé que beaucoup de mes échecs étaient dus à un manque d'information plutôt qu'à une absence de "don" naturel. J'ai reformulé ma croyance : "*Le jardinage n'est pas un talent inné, c'est une compétence qui s'apprend.*" Depuis, j'ai réussi à faire pousser quelques plantes, et chaque nouvelle pousse me rappelle que ce n'était pas une question de talent, mais de patience et d'apprentissage.

Nos croyances ne sont pas gravées dans le marbre. En les challengeant et en les reformulant, j'ai pu transformer des situations stressantes en opportunités de grandir et de me libérer de pressions inutiles. Et parfois, tout ce qu'il faut, c'est un vieil homme qui vous dépasse en courant, une soirée qui part en vrille, ou un plant de tomate capricieux pour vous montrer la voie.

D'après mon expérience, voici quatre actions concrètes pour vous aider à reformuler vos croyances limitantes :

- **Identifiez vos croyances limitantes** : La première étape pour reformuler une croyance est de l'identifier. Prenez le temps de réfléchir aux pensées qui vous reviennent régulièrement, surtout celles qui vous freinent ou vous découragent. Demandez-vous : "Quelle croyance sous-jacente se cache derrière cette pensée ?" Une fois identifiée, notez-la pour pouvoir travailler dessus.

- **Challengez la croyance avec des preuves contraires** : Une fois la croyance identifiée, demandez-vous : "Quelles sont les preuves qui contredisent cette croyance ?" Par exemple, si vous croyez que "je ne suis pas doué pour le jardinage", rappelez-vous des moments où vous avez réussi à faire pousser quelque chose, même si c'était une petite plante. En accumulant ces preuves contraires, vous affaiblissez la croyance limitante.

- **Remplacez la croyance par une affirmation positive et réaliste** : Reformulez votre croyance limitante en une affirmation plus positive et réaliste. Par exemple, transformez "Je ne suis pas bon en cuisine" en "Je m'améliore en cuisine à chaque nouvelle recette." Cette nouvelle affirmation doit être crédible et motivante, quelque chose que vous pouvez croire et répéter régulièrement pour remplacer l'ancienne croyance.

- **Expérimentez et ajustez votre croyance** : Mettez en pratique votre nouvelle croyance en vous lançant dans des actions concrètes qui la confirment. Par exemple, si vous avez reformulé la croyance "Je ne suis pas sportif" en "Je peux apprécier le sport à mon rythme", inscrivez-vous à une activité physique légère et voyez comment vous vous sentez. L'expérience réelle peut renforcer la nouvelle croyance et vous aider à l'intégrer durablement dans votre vie.

En appliquant ces actions, vous pouvez progressivement transformer des croyances limitantes en pensées plus constructives et positives, ce qui vous permettra de vivre avec plus de confiance et de liberté.

Considérez des perspectives différentes :
Pratiquez l'empathie cognitive en vous mettant à la place des autres pour voir les situations sous un angle différent.

Prendre du recul et se mettre à la place des autres a parfois changé ma perception de situations que j'aurais, sans cela, complètement mal interprétées.

J'habite dans une rue où les places de stationnement sont plus précieuses que l'or. Un jour, en rentrant du travail, j'ai trouvé ma place habituelle occupée par la voiture de mon voisin, celle qu'il gare normalement devant chez lui. Frustrée, j'ai immédiatement pensé : "*Il le fait exprès, c'est sûr ! Il sait que je me gare ici tous les jours !*"

Je suis rentrée chez moi en bouillonnant, déjà en train de planifier un plan machiavélique pour lui "reprendre" ma place. Mais avant d'agir, je me suis demandé : "*Et si je voyais les choses de son point de vue ? Peut-être qu'il n'a pas eu le choix.*"

Le lendemain, en croisant mon voisin, j'ai découvert qu'il avait dû céder sa place habituelle à un camion de livraison et qu'il était désolé d'avoir pris la mienne. Il m'a même proposé de m'avertir la prochaine fois que cela se reproduirait. En voyant la situation sous son angle, j'ai compris que son geste n'était pas du tout une provocation, mais une simple nécessité. Finalement, j'ai échappé à une bataille de stationnement et, en prime, j'ai amélioré ma relation avec mon voisin. Comme quoi, un peu d'empathie peut éviter bien des guerres… de stationnement !

***

J'adore mon chat, Muffin, mais amener ce cher félin chez le vétérinaire est toujours un défi épique. Une fois, alors que nous attendions dans la salle d'attente, une autre cliente est arrivée avec son chien qui a immédiatement commencé à aboyer bruyamment. Muffin, terrorisé, a bondi hors de sa caisse et s'est mis à courir partout, renversant des magazines et semant la pagaille. Furieuse, j'ai fusillé du regard la propriétaire du chien, pensant : "*Pourquoi n'a-t-elle pas mieux contrôlé son chien ? Elle ne pense qu'à elle !*"

Cependant, après avoir récupéré Muffin (et m'être excusée pour le désordre), je me suis arrêtée un instant et me suis demandé : "*Et si j'étais à sa place ? Que penserait-elle de moi ?*" En imaginant la scène de son point de vue, j'ai réalisé qu'elle devait probablement être aussi stressée que moi, avec un chien incontrôlable, et que mon regard accusateur n'avait certainement rien arrangé.

En sortant, je me suis approchée d'elle et, avec un sourire, j'ai dit : "Nos animaux savent vraiment comment nous mettre dans l'embarras, n'est-ce pas ?" Elle a ri, et nous avons échangé quelques histoires sur nos animaux respectifs. Ce simple acte de me mettre à sa place a transformé une situation tendue en un moment de solidarité entre propriétaires d'animaux, me rappelant que parfois, les choses ne sont jamais aussi simples qu'elles en ont l'air.

En pratiquant l'empathie cognitive, on peut désamorcer des situations potentiellement conflictuelles et découvrir que, bien souvent, les autres ne sont pas nos ennemis, mais simplement des gens essayant de naviguer à travers leurs propres défis, tout comme nous. Et, bonus : cela nous épargne bien des tracas et des malentendus !

Pratiquez la gratitude : Notez chaque jour trois choses pour lesquelles vous êtes reconnaissant, afin de recentrer vos pensées sur le positif.

Pratiquer la gratitude a été un exercice qui a littéralement transformé ma manière de voir le quotidien. Plutôt que de me concentrer sur ce qui n'allait pas, j'ai appris à apprécier les petites choses, souvent inattendues, qui embellissent la journée.

Un matin, alors que j'étais en train de préparer mon précieux café, ma cafetière a décidé de me lâcher au moment crucial. Vous savez, ce moment où le café commence à couler, et que l'arôme commence tout juste à envahir la cuisine. Sauf que là, rien. J'ai d'abord ressenti un élan de panique : "*Comment vais-je survivre à cette journée sans mon café ?*"

Mais au lieu de m'emporter, j'ai pris une grande respiration et j'ai décidé de voir les choses différemment. J'ai réalisé que, dans mon placard, se trouvait encore une boîte de café instantané que j'avais reçue en cadeau et que je n'avais jamais ouverte. Ce n'était pas mon café habituel, mais c'était du café quand même ! J'ai pris un instant pour apprécier ce sauvetage de dernière minute. En buvant ma tasse, j'ai noté dans mon carnet de gratitude : "*Je suis reconnaissante pour cette boîte de café instantané qui m'a évité une matinée sans caféine.*" Et qui aurait cru que ce café, un peu oublié dans mon placard, serait mon sauveur du jour ?

***

Je suis sortie un matin pour aller courir, pleine de bonnes intentions, sous un ciel nuageux mais sec. Cinq minutes après avoir commencé, une pluie diluvienne s'est abattue sur moi, comme si le ciel avait attendu que je sois loin de chez moi pour se déchaîner. Ma première réaction ? Une grosse envie de râler : "*Pourquoi ça m'arrive toujours à moi ?*"

Mais en courant sous la pluie, complètement trempée, j'ai soudain senti un éclat de rire monter en moi. Je me suis dit : "*Et pourquoi ne pas en faire une expérience amusante ?*" J'ai commencé à sauter dans les flaques comme une enfant, éclaboussant l'eau partout, en me moquant du regard des passants. Ce jour-là, dans mon carnet de gratitude, j'ai écrit : "*Je suis reconnaissante pour cette pluie qui m'a permis de retrouver mon âme d'enfant, même si j'ai fini trempée jusqu'aux os avec l'ombre d'une pneumonie dans le dos.*" Cette petite danse sous la pluie m'a rappelé que même les imprévus peuvent devenir des moments de joie.

***

L'histoire des chaussettes qui disparaissent mystérieusement dans la machine à laver est universelle. Un jour, alors que je triais mon linge, j'ai découvert qu'une nouvelle chaussette avait rejoint le club des disparues. Frustrée, j'ai retourné toute la buanderie à sa recherche, sans succès. J'étais prête à maudire la machine à laver, le sèche-linge, et même le panier à linge.

Mais, en rangeant le reste du linge, je suis tombée sur une autre chaussette orpheline, que j'avais perdue la semaine précédente. Miracle ! Les deux se sont retrouvées dans mon panier, comme des amies de longue date. Plutôt que de me concentrer sur la chaussette perdue, j'ai choisi de célébrer cette réunion inattendue. Ce jour-là, j'ai écrit dans mon carnet : "*Je suis reconnaissante pour la chaussette retrouvée, et pour le fait qu'aujourd'hui, deux âmes solitaires se sont réunies.*" Cela m'a appris à apprécier les petites victoires et à ne pas me laisser submerger par les petits tracas du quotidien.

La gratitude ne se limite pas aux grandes choses, mais elle se trouve souvent dans les détails du quotidien. En choisissant de voir le positif dans les situations les plus banales, j'ai réussi à cultiver une attitude plus légère et plus joyeuse, même face aux imprévus et aux petites frustrations de la vie. Et croyez-moi, cela fait toute la différence !

Voici cinq façons différentes de pratiquer la gratitude :

- **Tenir un journal de gratitude quotidien** : Chaque soir, avant de vous coucher, prenez quelques minutes pour écrire trois choses pour lesquelles vous êtes reconnaissant(e) ce jour-là. Cela peut être aussi simple qu'un sourire échangé, un bon repas, ou un moment de calme. Cet exercice vous aide à terminer la journée sur une note positive et à vous rappeler les petites joies du quotidien.

- **Exprimer sa gratitude aux autres** : Prenez l'habitude de dire merci aux personnes autour de vous, que ce soit pour de grandes ou de petites choses. Un mot de remerciement sincère à un collègue, un ami, ou un membre de la famille peut non seulement renforcer vos relations, mais aussi vous rappeler l'importance des connexions humaines dans votre vie.

- **Pratiquer la gratitude en pleine conscience** : Pendant vos moments de calme, comme en buvant votre café du matin ou en vous promenant, prenez un instant pour apprécier pleinement ce que vous ressentez. Concentrez-vous sur le moment présent et reconnaissez intérieurement les choses pour lesquelles vous êtes reconnaissant(e). Cela peut être aussi simple que le soleil sur votre visage ou l'odeur du café fraîchement préparé.

- **Créer un "bocal de gratitude"** : Chaque fois que quelque chose de positif vous arrive, écrivez-le sur un petit papier et mettez-le dans un bocal. À la fin de la semaine ou du mois, ouvrez le bocal et relisez toutes les bonnes choses qui se sont produites. C'est une manière visuelle et tangible de voir à quel point vous avez des raisons d'être reconnaissant(e).

- **Commencer la journée par une pensée positive** : Avant même de sortir du lit le matin, prenez un moment pour penser à quelque chose qui vous rend heureux(se) ou reconnaissant(e). Cela peut être l'idée d'une bonne journée à venir, une personne que vous aimez, ou simplement le fait d'avoir une nouvelle journée à vivre. Commencer la journée avec une intention positive peut influencer votre humeur et votre perspective pour le reste de la journée.

En adoptant ses pratiques simples, vous pouvez transformer votre perspective et découvrir une plus grande joie et satisfaction dans les petites choses de la vie.

Dissociez-vous de vos pensées : Rappelez-vous que vous n'êtes pas vos pensées ; elles sont des événements mentaux passagers.

Apprendre à se dissocier de ses pensées a été un véritable changement de perspective pour moi. Au lieu de me laisser emporter par chaque pensée, j'ai commencé à les observer comme des nuages passant dans le ciel, sans forcément m'y accrocher.

Un vendredi soir, j'avais invité quelques amis pour une soirée pizza et films. Tout était prêt, sauf que, au moment de sortir les pizzas du four, je me suis rendue compte qu'elles avaient un peu trop cuit… enfin, brûlé serait plus exact. Immédiatement, mon esprit a commencé à s'emballer : "*Ils vont tous penser que je suis une cuisinière désastreuse, qu'ils auraient mieux fait de rester chez eux, et que je ne suis pas capable d'organiser une simple soirée !*"

Alors que je me préparais à m'excuser et à proposer d'appeler une pizzeria en catastrophe, j'ai soudain eu un moment de clarté : "*Attends une minute... Ce sont juste des pensées, pas des faits. Peut-être que je dramatise un peu, non ?*" J'ai pris une grande respiration, sorti les pizzas du four avec un sourire et annoncé d'un ton léger : "*Changement de programme, ce soir, c'est pizza extra croustillante !*" Mes amis ont éclaté de rire, et la soirée s'est déroulée dans une ambiance détendue et amusante. En choisissant de ne pas m'identifier à mes pensées catastrophiques, j'ai transformé un petit désastre en une blague partagée.

***

Je me souviens d'un cours de yoga où, dès le début, j'ai senti que ce n'était pas mon jour. Mon équilibre était bancal, mes postures hésitantes, et mon esprit n'arrêtait pas de me critiquer :

"Regarde-toi, tu n'arrives même pas à faire une posture basique sans vaciller. Tu n'es vraiment pas faite pour le yoga, tout le monde doit te trouver ridicule."

Au lieu de me laisser submerger par cette petite voix intérieure, j'ai décidé de m'asseoir un moment sur mon tapis et de simplement observer mes pensées. Je me suis dit : *"C'est intéressant, cette petite voix de critique. Elle a beaucoup à dire aujourd'hui, mais ça ne veut pas dire que c'est vrai."* J'ai commencé à voir ces pensées comme une sorte de bande-annonce dramatique, un peu exagérée, qui ne reflétait pas la réalité du moment. J'ai fini par retrouver ma concentration et, même si je n'ai pas fait une séance de yoga parfaite, j'ai réussi à apprécier l'expérience sans me laisser entraîner par ces pensées négatives.

En prenant du recul par rapport à nos pensées, on peut éviter de se laisser happer par elles. Les pensées sont simplement des événements mentaux, et nous avons le pouvoir de les observer sans nous y identifier. En adoptant cette approche, j'ai appris à vivre plus légèrement et à ne pas prendre chaque pensée trop au sérieux.

Idées pour se dissocier de nos pensées :

- **Pratiquez la pleine conscience** : La pleine conscience est un excellent moyen de se dissocier de ses pensées. Lorsque vous vous concentrez sur le moment présent, que ce soit sur votre respiration, les sensations dans votre corps ou les sons autour de vous, vous pouvez observer vos pensées sans vous y accrocher. C'est comme regarder des nuages passer dans le ciel sans les juger ni les analyser. Cela vous permet de réaliser que vos pensées ne sont que des événements mentaux temporaires qui vont et viennent.

- **Donnez un nom à vos pensées** : Une technique que j'ai trouvée particulièrement utile est de nommer mes pensées lorsque je les observe. Par exemple, si je remarque une pensée anxieuse, je me dis : "Ah, voilà encore une pensée d'anxiété." En nommant la pensée, vous créez une distance entre vous et elle, ce qui vous aide à ne pas vous identifier à ce que vous pensez. C'est une manière simple mais puissante de vous rappeler que vous n'êtes pas vos pensées.

- **Visualisez vos pensées comme des objets** : Une autre méthode consiste à visualiser vos pensées comme des objets distincts de vous. Par exemple, vous pouvez imaginer que chaque pensée est une feuille qui flotte sur un ruisseau ou un ballon qui s'élève dans le ciel. Cette visualisation vous aide à comprendre que vous pouvez laisser partir ces pensées sans vous y attacher. Elles ne définissent pas qui vous êtes, elles ne sont que des fragments temporaires de votre esprit.

En pratiquant ces techniques, vous pouvez apprendre à vous dissocier de vos pensées et à les voir pour ce qu'elles sont vraiment : des événements mentaux passagers qui ne contrôlent pas votre vie. Cela vous donne plus de liberté et de clarté pour naviguer à travers vos expériences quotidiennes.

Réduire les sources de pensées excessives

Limitez l'exposition aux informations : Filtrez les nouvelles et les médias sociaux pour éviter la surcharge d'informations.

À un moment donné, j'ai réalisé que je passais beaucoup trop de temps sur mon téléphone, scrolant sans fin à travers les nouvelles et les réseaux sociaux. Un dimanche matin, j'ai voulu me détendre en prenant un café, mais au lieu de savourer ce moment, j'ai fait l'erreur d'ouvrir Twitter "juste pour voir ce qui se passe". En l'espace de quelques minutes, j'étais déjà submergée par une avalanche d'articles alarmants, de débats enflammés, et de photos de chats (certes, mignons, mais quand même).

Mon café est devenu froid pendant que je m'absorbais dans une spirale d'actualités stressantes. Quand j'ai enfin levé les yeux de mon écran, je me suis rendu compte que j'étais plus tendue qu'avant de commencer. À ce moment-là, j'ai eu une prise de conscience : "*Je voulais juste boire un café tranquille, et maintenant, je suis au bord de l'anxiété mondiale avant même de m'être brossé les dents !*"

Avec un sourire ironique, j'ai décidé qu'il était temps de reprendre le contrôle. J'ai éteint mon téléphone, pris une grande respiration, et je me suis promise de ne plus vérifier les nouvelles avant midi. Le lendemain, j'ai commencé à filtrer les informations en ne suivant que les sources qui m'apportaient vraiment de la valeur et en limitant le temps passé sur les réseaux sociaux. Cette simple décision a transformé mes matinées et m'a permis de retrouver un peu de paix mentale.

Depuis, je me rappelle régulièrement que, parfois, moins d'information, c'est mieux. Mon café n'a jamais été aussi bon que depuis ce jour où j'ai décidé de me débrancher un peu du monde pour mieux apprécier le moment présent.

Supprimez les distractions : Créez un environnement calme, sans distraction, pour minimiser les interruptions mentales.

Je me souviens d'un après-midi où j'avais décidé de me plonger dans un bon livre, un de ceux qui vous transportent dans un autre monde. J'étais installée confortablement sur mon canapé, thé à portée de main, prête à savourer quelques heures de tranquillité. Mais à peine avais-je lu trois pages que mon téléphone a commencé à vibrer frénétiquement sur la table basse. Une notification après l'autre : un message de ma cousine, une alerte de météo (il allait pleuvoir... dans trois jours), et bien sûr, un rappel pour une application que je n'avais pas ouverte depuis des mois.

Chaque vibration me tirait un peu plus du livre, jusqu'à ce que, finalement, je cède et prenne le téléphone pour vérifier toutes ces urgences... qui, évidemment, n'en étaient pas. Avant même de m'en rendre compte, je naviguais sur Instagram, à liker des photos de brunchs et à regarder des vidéos de chiens en skate. Mon après-midi de lecture paisible avait été complètement saboté par ce petit rectangle lumineux.

En réalisant ce qui venait de se passer, j'ai éclaté de rire : *"Comment suis-je passée d'un roman captivant à des vidéos de chiens qui font du skate ?!"* Ce jour-là, j'ai décidé qu'il était temps de reprendre le contrôle de mon environnement. J'ai mis mon téléphone en mode avion, fermé la porte du salon, et je me suis replongée dans mon livre sans autre distraction.

Depuis, chaque fois que je veux me concentrer, je m'assure de créer un espace aussi libre de distractions que possible. Et croyez-moi, mes moments de lecture sont redevenus aussi magiques que les histoires que je lis. Sans interruptions, j'ai découvert que le silence, loin d'être ennuyeux, est en réalité un compagnon précieux pour l'esprit.

Établissez des limites numériques : Définissez des horaires précis pour l'utilisation des appareils électroniques.

Il y a quelques mois, j'ai réalisé que mes soirées se terminaient souvent de la même manière : les yeux rivés sur l'écran de mon téléphone, défilant sans fin sur les réseaux sociaux ou binge-watching des séries jusqu'à des heures indues. Une nuit, alors que je regardais un énième épisode d'une série dont je ne me souvenais même plus du début, je me suis surprise à me dire : "*Juste un épisode de plus, et j'éteins.*" Spoiler : je n'ai pas éteint.

Ce cycle s'est répété pendant plusieurs semaines, jusqu'à ce qu'une nuit, vers 2 heures du matin, j'aie une révélation. Alors que j'étais à moitié endormie, mon téléphone a glissé de ma main et est tombé sur mon visage. Aïe ! Ce petit choc a été l'électrochoc dont j'avais besoin. En me massant le nez, j'ai pensé : "*Peut-être qu'il est temps de revoir mes priorités avant que ce téléphone ne me défigure pour de bon.*"

Le lendemain matin, avec un peu d'ironie, j'ai instauré une règle stricte : plus de téléphone après 21h et un couvre-feu numérique à 22h30 pour les écrans en général. Au début, c'était difficile de m'y tenir, surtout quand l'envie de regarder "juste un autre épisode" me prenait. Mais petit à petit, j'ai commencé à apprécier ces moments sans écran. J'ai redécouvert le plaisir de lire un livre avant de dormir ou de simplement m'étendre en écoutant de la musique douce.

Et le meilleur dans tout ça ? Mes nuits sont devenues beaucoup plus réparatrices, sans ce stress de s'endormir en scrollant. Maintenant, chaque fois que je ressens l'envie de prolonger mes soirées devant un écran, je me souviens de ce téléphone qui m'a littéralement "frappée" et je choisis d'éteindre pour de bon. Croyez-moi, mon visage (et mon sommeil) me remercient chaque jour d'avoir établi ces limites numériques !

Réduisez les notifications : Désactivez les notifications inutiles sur votre téléphone pour réduire les sollicitations.

Un jour, alors que je travaillais sur un projet important, mon téléphone s'est mis à vibrer frénétiquement sur mon bureau. En l'espace de dix minutes, j'avais reçu des notifications pour un nouvel e-mail, un commentaire sur une photo de vacances datant de deux ans, une promotion sur un site de shopping que je n'avais jamais visité, et même un rappel pour boire de l'eau (merci, application de bien-être…).

C'était comme si mon téléphone avait décidé de se transformer en DJ de boîte de nuit, lançant des vibrations et des sons à tout va. En plein milieu de ma concentration, j'ai fini par céder et attraper mon téléphone pour vérifier ce qui semblait être une urgence (spoiler : ça ne l'était jamais). Le comble a été atteint quand j'ai reçu une notification de mon application météo pour m'informer que le soleil se couchait… comme si je n'étais pas capable de regarder par la fenêtre !

J'ai alors réalisé que ces interruptions constantes étaient non seulement inutiles, mais aussi totalement absurdes. J'ai donc décidé de passer à l'action. J'ai pris mon téléphone, et dans un élan de rébellion numérique, j'ai désactivé toutes les notifications non essentielles. J'ai gardé l'essentiel : les messages de mes proches et les rappels vraiment importants, comme celui de sortir la poubelle (je tiens à rester en bons termes avec mes voisins).

Le résultat ? Un calme soudain et presque apaisant. Mon téléphone est redevenu un outil, et non un chef d'orchestre frénétique de ma vie. Désormais, chaque fois que je reçois une notification, je sais qu'elle est vraiment utile. Et pour ce qui est de la météo ? Eh bien, je jette simplement un coup d'œil par la fenêtre, comme au bon vieux temps.

Simplifiez votre espace : Désencombrez votre espace de vie et de travail pour diminuer la surcharge sensorielle.

J'ai décidé qu'il était temps de m'attaquer au "mont Everest" de mon bureau à la maison. Je vous jure, on aurait dit qu'il y avait eu une explosion de paperasse, de stylos sans capuchon, de tasses à moitié pleines de café froid, et de gadgets électroniques dont j'avais oublié l'existence. J'étais littéralement entourée de piles de "choses" que je devais absolument "garder pour plus tard". Le problème ? Ce "plus tard" n'était jamais venu, et mon espace de travail ressemblait plus à une zone sinistrée qu'à un lieu propice à la concentration.

Un matin, alors que je cherchais désespérément un document important (qui bien sûr se trouvait sous une pile de magazines datant de l'année précédente), j'ai atteint mon point de rupture. *"C'est ridicule."* me suis-je dit, en trébuchant sur une pile de câbles en essayant d'atteindre mon ordinateur. C'est à ce moment-là que j'ai réalisé qu'il était temps d'agir. J'avais besoin de simplifier mon espace avant que mon bureau ne se transforme en un musée d'objets inutiles.

Armée d'un grand sac poubelle et d'une détermination nouvelle, j'ai entrepris de désencombrer mon espace. J'ai trié les papiers, rangé les stylos (ceux qui fonctionnaient encore, du moins), et j'ai enfin dit adieu aux gadgets qui prenaient la poussière depuis des lustres. Le plus satisfaisant ? Voir mon bureau propre et dégagé pour la première fois depuis des mois.

Le moment le plus drôle est survenu lorsque j'ai découvert une tasse de café fossilisé derrière une pile de dossiers. Je ne me souvenais même plus de la dernière fois que j'avais bu du café à cet endroit ! Après avoir ri de moi-même, j'ai réalisé à quel point cet encombrement avait été une distraction constante.

Une fois que j'ai fini, mon espace de travail était méconnaissable. Le simple fait de m'asseoir à ce bureau dégagé m'a donné un sentiment de calme et de clarté. Désormais, chaque fois que je commence à accumuler des objets inutiles, je me rappelle de ce "mont Everest" de bazar, et je m'empresse de remettre de l'ordre avant qu'il ne prenne des proportions épiques. Mon esprit est plus léger, mon travail plus productif, et j'ai même trouvé de la place pour une plante verte. Quant à la tasse de café fossilisé ? Je l'ai soigneusement rangée… dans la poubelle !

Définissez vos priorités : Identifiez ce qui est vraiment important dans votre vie pour éviter les pensées inutiles.

Un lundi matin, j'étais en pleine frénésie de multitâche. J'avais la tête remplie d'une liste de choses à faire longue comme le bras : répondre à des e-mails, passer des coups de fil, organiser un dîner, et même trouver le temps de finir ce puzzle de 1000 pièces que j'avais commencé il y a six mois (parce qu'évidemment, ça devait être fait ce jour-là). J'étais littéralement en train de jongler mentalement entre tout ça quand ma meilleure amie m'a appelée pour me dire qu'elle était de passage en ville, juste pour une journée.

Immédiatement, mon esprit a commencé à bouillonner : "*Comment vais-je caser ça dans mon emploi du temps ? Et si je ne parviens pas à tout faire ?*" J'étais à deux doigts de décliner son invitation, en me disant que je devais absolument m'occuper de toutes ces tâches urgentes. Mais juste avant de répondre, une pensée m'a traversé l'esprit : "*Aurélie, qu'est-ce qui est vraiment important ici ?*"

J'ai pris une grande respiration, laissé de côté ma liste de tâches (qui, soyons honnêtes, aurait pu attendre), et j'ai dit oui à mon amie. Nous avons passé la journée ensemble, à rire, à rattraper le temps perdu, et à savourer un bon repas. Ce qui était drôle, c'est qu'à la fin de la journée, je me sentais plus reposée et plus satisfaite que je ne l'aurais été si j'avais coché chaque élément de ma to-do list.

Et devinez quoi ? Les e-mails étaient toujours là le lendemain, mais ils ne semblaient plus aussi urgents. En choisissant de passer du temps avec mon amie, j'avais fait le choix de prioriser ce qui comptait vraiment : les relations humaines, les moments partagés, et le plaisir simple d'être ensemble.

Depuis ce jour, chaque fois que je me sens submergée par une liste interminable de tâches, je me demande : "*Qu'est-ce qui est vraiment important aujourd'hui ?*" Et vous savez quoi ? Ce puzzle de 1000 pièces est toujours en attente... et ça va très bien comme ça !

Clarifiez vos objectifs : Fixez des objectifs clairs et réalistes pour diriger votre énergie mentale de manière productive.

Je me suis mise en tête qu'il était grand temps pour moi de me remettre un peu au sport. Inspirée par tous ces comptes Instagram de fitness, j'ai soudainement eu l'idée brillante de m'inscrire à un marathon. Oui, un marathon ! Parce que pourquoi pas commencer en force, n'est-ce pas ? Pleine d'enthousiasme (et peut-être un peu trop influencée par les stories de mes amis super sportifs), j'ai enfilé mes baskets neuves et suis sortie courir... pour me rendre compte, après 10 minutes seulement, que j'étais à bout de souffle et que mes jambes me suppliaient d'arrêter.

En rentrant chez moi, à moitié rampante, j'ai dû faire face à la réalité : "*Aurélie, tu n'as jamais couru plus de trois kilomètres, et tu veux t'attaquer à 42 d'un coup ?*" Cette prise de conscience, bien que douloureuse (littéralement), m'a fait comprendre que j'avais peut-être mis la barre un peu trop haut.

Plutôt que de me décourager, j'ai décidé de clarifier mes objectifs. Je me suis dit : "*Commençons par quelque chose de réaliste.*" J'ai donc reformulé mon objectif en quelque chose de beaucoup plus atteignable : courir 5 kilomètres sans m'arrêter. Un petit objectif, mais clair et adapté à mon niveau. J'ai commencé à m'entraîner régulièrement, augmentant progressivement mes distances. Et devinez quoi ? Après quelques semaines, j'ai réussi à courir ces 5 kilomètres, sans m'effondrer sur le trottoir.

Le jour où j'ai franchi cette distance, c'était comme si j'avais remporté une médaille d'or aux Jeux olympiques. En fixant un objectif clair et réaliste, j'avais réussi à canaliser mon énergie de manière productive, sans m'épuiser dans des rêves trop ambitieux (du moins, pour le moment).

Depuis, chaque fois que je me lance dans un nouveau projet, je me rappelle de cette première course et je me demande : *"Quel est le premier petit objectif que je peux atteindre ?"* Et puis, qui sait, peut-être qu'un jour, ce marathon deviendra une réalité... mais pour l'instant, je préfère profiter des petites victoires qui me mènent dans la bonne direction, un pas à la fois.

É**vitez la sur-planification** : Adoptez une approche flexible et évitez de surcharger votre emploi du temps.

Il y a quelque temps, j'ai décidé de planifier une journée "parfaite". J'avais tout prévu dans les moindres détails : réveil à 6h30, séance de yoga à 7h, petit-déjeuner healthy à 8h, lecture de développement personnel à 9h, puis enchaîner avec une série de tâches productives jusqu'à 17h. J'étais convaincue que cette journée ultra-planifiée allait me transformer en une version surhumaine de moi-même.

Mais dès le réveil, les choses ont commencé à déraper. Le snooze de mon réveil a été mon premier coupable : au lieu de me lever à 6h30, j'ai émergé du lit à 7h15. "*Pas de souci,*" me suis-je dit, "*je vais juste écourter ma séance de yoga.*" Sauf que, pendant le yoga, mon chat Muffin a décidé qu'il voulait absolument participer, en se frottant contre moi à chaque posture et en me déséquilibrant dans le processus.

Ensuite, le petit-déjeuner "healthy" a pris un tournant inattendu lorsqu'une simple omelette s'est transformée en une bataille digne des plus grands blockbusters américains contre une poêle trop chaude, résultant en un repas légèrement carbonisé. Pour couronner le tout, mon téléphone a commencé à vibrer frénétiquement avec des notifications imprévues : messages, e-mails urgents, et même un rappel pour une réunion que j'avais complètement oublié de planifier.

À 10h, toute mon planification méticuleuse était déjà en lambeaux. Je me suis retrouvée assise au milieu de ce chaos, à moitié rigolant de ma propre ambition démesurée. C'est à ce moment-là que j'ai réalisé quelque chose d'important : parfois, la sur-planification est plus un obstacle qu'une aide.

Depuis ce jour, j'ai appris à laisser plus de place à la flexibilité. J'ai adopté une approche plus détendue : je me fixe des objectifs généraux pour la journée, mais je laisse de la place pour l'imprévu. Non seulement je me sens moins stressée, mais j'arrive aussi à faire plus de choses parce que je ne suis plus coincée dans un emploi du temps trop rigide.

Alors, maintenant, quand Muffin décide de se joindre à mes séances de yoga ou que ma poêle a ses propres plans, je m'adapte, je rigole, et je continue ma journée sans me sentir coupable de ne pas avoir tout fait "comme prévu". Parce qu'après tout, la vie est pleine de surprises, et parfois, ce sont les moments inattendus qui rendent une journée vraiment réussie.

Choisissez vos batailles : Concentrez-vous uniquement sur les problèmes qui méritent votre attention.

Un soir, après une longue journée de travail, je suis rentrée chez moi prête à me détendre. Tout allait bien jusqu'à ce que je découvre que mon voisin avait encore une fois laissé ses poubelles traîner dans le couloir. C'était la troisième fois cette semaine, et mon irritation a commencé à monter. "*C'est inadmissible,*" me suis-je dit. "*Il faut que je lui fasse comprendre que ce n'est pas acceptable !*"

Déterminée à régler ce "problème", j'ai passé une bonne demi-heure à préparer mentalement un discours, à imaginer toutes les répliques qu'il pourrait me faire, et à peaufiner mes arguments. J'étais prête à en découdre pour l'avenir des couloirs propres ! Mais alors que je m'apprêtais à aller frapper à sa porte, j'ai soudain eu un moment de lucidité.

Je me suis arrêtée net et je me suis demandé : "*Est-ce que ça vaut vraiment la peine de gâcher ma soirée pour une histoire de poubelles ?*" J'ai imaginé la scène : une confrontation potentiellement tendue, suivie d'une soirée passée à ruminer ce qui aurait pu être dit ou fait différemment. Franchement, ça ne me semblait plus aussi crucial.

Avec un soupir et un sourire ironique, j'ai décidé de laisser tomber. Je suis retournée dans mon appartement, ai allumé une bougie parfumée, et me suis installée confortablement avec un bon livre. À ce moment-là, j'ai réalisé que choisir mes batailles, c'était aussi choisir la paix intérieure.

Le lendemain matin, les poubelles avaient disparu. Mon voisin les avait finalement ramassées sans que j'aie eu besoin de dire quoi que ce soit. J'ai ri en pensant à tout le temps et l'énergie que j'avais failli gaspiller sur une petite contrariété.

Depuis, chaque fois que je sens la colère monter pour des choses insignifiantes, je me demande : "*Est-ce que cette bataille mérite vraiment mon attention ?*" La plupart du temps, la réponse est non. Et je peux vous dire que ma vie est devenue beaucoup plus légère et agréable en me concentrant uniquement sur ce qui compte vraiment. Parce qu'après tout, certaines batailles sont mieux laissées… dans le couloir !

Automatisez les décisions quotidiennes :
Créez des routines pour les décisions mineures afin de libérer de l'espace mental.

Il fut un temps où chaque matin ressemblait à une véritable épreuve de force pour moi. Le plus grand défi ? Choisir ma tenue du jour. Je passais un temps fou devant mon placard, à essayer de décider si je devais opter pour la robe bleue ou le pantalon noir, la chemise blanche ou le pull gris. C'était comme si chaque vêtement se battait pour attirer mon attention : *"Choisis-moi ! Non, moi !"*

Un matin, après avoir essayé (et rejeté) pas moins de six tenues, je me suis retrouvée en retard, frustrée, et toujours en pyjama. C'est alors que j'ai eu une révélation : *"Aurélie, pourquoi est-ce que tu te compliques la vie pour des choses aussi simples ?"* Je me suis souvenue de ces articles sur les gens qui portent toujours la même chose, comme Steve Jobs avec son col roulé noir.

J'ai décidé d'essayer quelque chose de similaire, à ma manière. J'ai créé une petite "capsule" de tenues préférées, celles qui me vont bien et qui sont adaptées à toutes les occasions courantes. Le lundi, c'est toujours la robe bleue. Le mardi, c'est le pantalon noir avec la chemise blanche. Et ainsi de suite. Plus de réflexion, plus d'hésitation.

Les premiers jours, ça m'a semblé un peu étrange de ne plus avoir à décider, mais rapidement, j'ai découvert un nouvel avantage : ce temps et cette énergie mentale que je gaspillé chaque matin étaient maintenant disponibles pour des choses plus importantes (comme décider si je voulais du café ou du thé, un autre grand dilemme de ma vie).

Et puis, en fin de compte, personne n'a jamais remarqué que je portais la même chose chaque lundi ou mardi. La seule différence, c'est que je me sentais plus détendue, plus ponctuelle, et beaucoup moins stressée. Automatiser cette petite décision quotidienne a libéré mon esprit pour des tâches plus créatives et plaisantes… et honnêtement, mes lundis en robe bleue sont devenus une petite tradition que j'attends maintenant avec plaisir.

Rééducation de la pensée

Pratiquez la méditation : Engagez-vous dans des séances régulières de méditation pour calmer l'esprit.

Après une énième journée stressante au travail, j'ai décidé de me lancer dans la méditation. Je me suis dit : "*Pourquoi pas ? Si tout le monde en parle, c'est que ça doit marcher.*" J'ai donc installé une application de méditation guidée, allumé une bougie parfumée (parce que c'est censé être relaxant, non ?) et me suis assise en tailleur sur mon tapis, prête à entrer dans un état de paix profonde.

Tout a commencé plutôt bien. La voix douce de l'instructeur m'a demandé de fermer les yeux et de me concentrer sur ma respiration. "Respirez profondément... inspirez... expirez..." Jusque-là, tout allait bien. Mais alors que je commençais à me détendre, mon chat Muffin a décidé que c'était le moment idéal pour bondir sur mes genoux. Puis, un camion a klaxonné bruyamment dans la rue, suivi par le cri lointain d'un vendeur ambulant. À ce moment-là, la voix apaisante de l'application a dit : "Imaginez-vous dans un endroit paisible." Tout ce à quoi je pouvais penser, c'était : "*Pas maintenant, apparemment.*"

Après avoir tenté de méditer tout en évitant les coups de tête de Muffin et en essayant de ne pas rire à la situation absurde, j'ai fini par comprendre une chose : la méditation, c'est aussi accepter le chaos qui nous entoure. J'ai décidé de continuer, distractions ou non, et petit à petit, même avec les aléas de la vie, j'ai appris à savourer ces moments de calme intérieur, même si ce n'était pas parfait. Et maintenant, quand Muffin s'invite à mes séances, je me dis que c'est juste un bonus de méditation en pleine conscience !

Utilisez des affirmations positives : Remplacez les pensées négatives par des affirmations positives répétées quotidiennement.

Il y a quelques mois, je traversais une période où mon esprit semblait déterminé à me rappeler toutes mes failles, à longueur de journée. "*Tu n'es pas assez bonne dans ce que tu fais*" ou "*Tu vas sûrement échouer dans ce projet.*" Bref, mon cerveau était un vrai champion du pessimisme.

C'est alors que j'ai décidé d'essayer les affirmations positives. Je me suis fait une liste de phrases encourageantes : "*Je suis compétente,*" "*Je réussis tout ce que j'entreprends,*" "*Je suis pleine de créativité.*" Au début, me répéter ces affirmations devant le miroir chaque matin me faisait un peu rire. Sérieusement, je me sentais un peu comme un coach de cheerleading personnel.

Un jour, alors que je m'apprêtais à commencer ma routine matinale d'affirmations, mon conjoint est passé devant la salle de bain. Curieux, il m'a demandé : "Tu parles à qui ?" J'ai répondu en plaisantant : "À la personne la plus géniale que je connaisse !"

Il a ri, mais cette simple interaction a marqué un tournant pour moi. J'ai réalisé que ces affirmations, même si elles semblaient un peu ridicules au début, commençaient vraiment à influencer ma manière de penser.

Maintenant, chaque matin, je fais mes affirmations avec le sourire, parfois même en ajoutant un petit clin d'œil pour me rappeler de ne pas trop me prendre au sérieux. Et croyez-moi ou non, ces pensées positives ont fini par remplacer, petit à petit, les doutes qui encombraient mon esprit. J'ai appris qu'un petit boost d'affirmations peut vraiment faire des merveilles pour l'humeur – et que commencer la journée en s'encourageant soi-même, c'est le meilleur des rituels.

Visualisez des résultats positifs : Imaginez des résultats réussis pour diminuer l'anxiété liée à l'avenir.

Un vendredi de septembre j'étais terriblement anxieuse à propos d'une présentation importante que je devais faire. Mon esprit ne cessait d'imaginer tous les scénarios catastrophes possibles : "*Tu vas oublier tes mots,*" "*Ils vont trouver ta présentation ennuyeuse,*" ou pire, "*Ton PowerPoint va planter devant tout le monde.*"

Fatiguée de ces pensées anxiogènes, j'ai décidé d'essayer quelque chose de différent : la visualisation positive. Chaque soir avant de me coucher, je m'imaginais debout devant mon auditoire, pleine d'assurance, déroulant ma présentation sans accroc. Je visualisais les visages des gens souriant et hochant la tête avec intérêt, et je m'entendais recevoir des compliments après coup.

Le jour de la présentation est arrivé, et bien sûr, j'étais encore un peu nerveuse. Mais au lieu de me laisser envahir par mes peurs, j'ai pris une grande inspiration et j'ai rappelé l'image positive que j'avais visualisée tant de fois. Et devinez quoi ? La présentation s'est passée exactement comme dans mes visualisations : fluide, réussie, et même avec quelques compliments à la fin !

En sortant de la salle, j'ai souri en me disant : "*Qui aurait cru que rêvasser pourrait être si utile ?*" Depuis, j'ai adopté la visualisation positive comme un outil puissant contre l'anxiété. Quand mon esprit commence à imaginer des scénarios catastrophes, je contre-attaque avec des images de réussite et de calme. Ça ne résout pas tous les problèmes, mais ça me donne un sacré coup de pouce pour affronter l'avenir avec un peu plus de confiance… et un soupçon de sourire en coin.

Réfléchissez de manière structurée : Utilisez des techniques comme le mind mapping pour organiser vos pensées.

Alors que j'étais submergée par un projet avec mille idées en tête, je me suis retrouvée complètement bloquée. Je ne savais plus par où commencer, ni comment organiser tout ce flot de pensées qui tourbillonnait dans mon esprit. C'était un peu comme essayer de ranger un tas de vêtements éparpillés dans une pièce où il n'y avait pas d'armoire : un vrai chaos.

En cherchant une solution, je suis tombée sur une vidéo qui parlait du mind mapping. "*Pourquoi pas ?*" me suis-je dit, avec un mélange de scepticisme et d'espoir. J'ai pris une grande feuille de papier, au lieu de me lancer dans une énième liste sans fin, j'ai décidé de tester cette méthode. J'ai mis l'idée principale au centre, puis j'ai commencé à tracer des branches pour chaque sous-thème. Au début, ça ressemblait plus à un dessin abstrait qu'à un plan structuré, mais petit à petit, les choses ont commencé à s'ordonner. C'était presque magique : tout ce qui était flou dans ma tête devenait soudain clair et logique sur le papier.

Le moment le plus drôle, c'est quand mon conjoint est entré dans la pièce, a regardé ma feuille couverte de bulles et de flèches, et a dit en plaisantant : "Tu planifies un braquage de banque ou quoi ?" J'ai ri et lui ai expliqué que c'était ma nouvelle technique pour organiser mes pensées. Depuis ce jour, chaque fois que je me sens débordée, je sors mon carnet de mind mapping. Et croyez-moi, c'est beaucoup plus efficace que de laisser mon cerveau ressembler à un tas de vêtements en désordre !

Posez-vous des questions constructives : Lorsque vous êtes bloqué dans un schéma de pensée, posez-vous des questions qui orientent vers des solutions.

Il y a quelque temps, je me retrouvais coincée dans une spirale d'anxiété à propos d'une décision importante. J'avais cette pensée récurrente : "*Et si je fais le mauvais choix ?*" À force de ruminer, j'étais arrivée à un point où je ne pouvais même plus penser clairement. Tout semblait trop compliqué, et plus j'essayais de trouver une solution, plus je m'enfonçais dans le doute.

C'est alors que j'ai lu un article sur l'art de se poser les bonnes questions. Je me suis dit : "*Pourquoi pas essayer ?*" La prochaine fois que mon cerveau a commencé à tourner en boucle, j'ai décidé de me poser une question différente : "*Qu'est-ce que je pourrais faire pour avancer d'un petit pas, au lieu de chercher la réponse parfaite ?*" Cette question, simple mais puissante, m'a instantanément sorti de mon blocage. Plutôt que de chercher la solution idéale (et inexistante), j'ai commencé à réfléchir à des petites actions concrètes que je pouvais entreprendre.

Ce changement de perspective m'a fait sourire : j'étais passée de la paralysie totale à un petit plan d'action en quelques minutes. C'est devenu un jeu pour moi : chaque fois que je me sens bloquée, je cherche à poser une question qui ouvre des portes plutôt que de les fermer. Et franchement, ça marche bien mieux que de rester coincée dans un schéma de pensée sans issue… et c'est beaucoup plus amusant !

Apprenez à lâcher prise : Acceptez que certaines choses échappent à votre contrôle et laissez-les aller.

Je me souviens d'une période où je me débattais avec un projet professionnel qui semblait tout simplement hors de contrôle. J'avais tout essayé : des heures supplémentaires, des listes interminables, même des nuits blanches. Mais quoi que je fasse, il y avait toujours un élément imprévisible qui venait tout chambouler. J'étais obsédée par l'idée que je devais tout maîtriser, coûte que coûte.

Puis, un jour, en plein milieu de cette frénésie, ma meilleure amie m'a appelée pour me proposer une sortie impromptue. "Viens, on va au parc, on pique-nique et on se détend !" Ma première réaction a été de dire non, bien sûr. "Je suis trop occupée, j'ai trop de choses à régler." Mais quelque chose en moi a fini par céder, peut-être par épuisement. J'ai décidé de lâcher prise, juste pour quelques heures.

Allongée sur l'herbe, en train de manger un sandwich et de regarder les nuages, j'ai soudain réalisé à quel point je m'étais accroché inutilement à des détails qui échappaient totalement à mon contrôle. À quoi bon se torturer si le résultat ne dépendait pas entièrement de moi ? Ce moment de détente m'a permis de revenir au projet avec un regard neuf, plus serein. J'ai appris que lâcher prise ne signifie pas abandonner, mais accepter que certaines choses se passent comme elles doivent se passer, et qu'il est inutile de vouloir tout contrôler.

Depuis, chaque fois que je sens l'angoisse monter parce que je ne peux pas tout maîtriser, je me rappelle de ce pique-nique improvisé. Et je me dis : "*Il est peut-être temps de lâcher un peu de lest et de laisser les choses suivre leur cours.*" C'est fou comme un simple sandwich dans un parc peut changer toute votre perspective sur la vie !

Pratiquez la pensée réaliste : Réévaluez vos pensées en vous demandant si elles sont basées sur des faits réels.

Un jour, alors que j'attendais une réponse pour un projet important, mon esprit a commencé à jouer à son jeu préféré : imaginer les pires scénarios possibles. "*Ils n'ont pas répondu parce qu'ils détestent mon travail*", "*Ils ont trouvé quelqu'un de mieux*", "*Je vais certainement être rejetée*". Je me retrouvais à m'enfoncer dans une spirale de pensées catastrophiques, jusqu'à ce que je m'arrête un instant et me demande : "*Mais est-ce que tout ça est basé sur des faits réels ?*"

J'ai pris une grande respiration et j'ai fait un petit exercice de pensée réaliste. J'ai regardé les faits : j'avais fait du bon travail, j'avais reçu des retours positifs auparavant, et le délai de réponse n'était pas encore dépassé. Rien ne prouvait que tout allait mal se passer. Ce moment de lucidité m'a fait sourire : "*Aurélie, tu es en train de dramatiser pour rien !*"

Finalement, la réponse est arrivée, positive, bien sûr. Et je me suis dit : "*Encore une fois, j'ai perdu du temps à m'inquiéter pour des scénarios imaginaires.*" Depuis, chaque fois que mon esprit commence à inventer des drames, je m'arrête et je me demande : "*Ok, mais quels sont les faits réels ?*" C'est un exercice qui m'a sauvé de bien des nuits blanches… et des cheveux gris !

Faites des pauses mentales régulières : Intégrez des micro-pauses dans votre journée pour permettre à votre esprit de se reposer.

Un lundi pendant que j'étais plongée dans un marathon de travail, déterminée à tout boucler avant la fin de la journée, j'ai commencé à sentir mon cerveau surchauffer. Je me suis dit : "*Allez, encore un peu, tu peux tenir jusqu'à la pause déjeuner !*" Mais voilà, midi est arrivé, puis est reparti, et moi, toujours à fond dans mes tâches, je n'avais même pas pris le temps de lever la tête de mon écran.

Puis, vers 15 heures, alors que je commençais sérieusement à confondre les fichiers, mon téléphone a vibré avec un rappel : "Boire de l'eau." C'est là que j'ai réalisé que non seulement je n'avais pas bu d'eau, mais que je n'avais pas non plus bougé de ma chaise depuis des heures. "*C'est absurde,*" me suis-je dit. "*Je ne suis pas un robot.*"

J'ai donc décidé d'intégrer des micro-pauses dans ma journée. Maintenant, toutes les heures, je prends cinq minutes pour me lever, m'étirer, boire un verre d'eau, et même regarder par la fenêtre (parce que, oui, le monde existe toujours dehors). Depuis que je fais ça, je me sens beaucoup plus fraîche et alerte. Et croyez-le ou non, je suis même plus productive ! Comme quoi, parfois, la meilleure façon d'avancer, c'est de savoir quand s'arrêter.

Développez un état d'esprit de croissance : Croyez que vous pouvez toujours apprendre et vous améliorer.

Il y a quelques années, j'étais convaincue que je n'étais pas douée pour les langues. Après avoir échoué lamentablement à apprendre l'espagnol au lycée, j'avais classé ça dans la catégorie des "*talents inaccessibles*". Mais un jour, lors d'un voyage en Italie, je me suis retrouvée face à une situation où personne ne parlait anglais. J'ai dû baragouiner quelques mots d'italien appris à la va-vite, et même si c'était loin d'être parfait, j'ai réussi à me faire comprendre.

En rentrant de ce voyage, je me suis dit : "*Et si je pouvais encore apprendre ?*" J'ai décidé de m'inscrire à un cours d'italien, avec l'idée que je pouvais m'améliorer, peu importe mon passé. Les premières semaines ont été difficiles, mais petit à petit, les mots sont venus plus facilement.

Un jour, j'ai même surpris mon professeur en lui posant une question complètement en italien. Ce moment de fierté m'a fait réaliser que j'avais sous-estimé mes capacités. Maintenant, chaque fois que je fais face à quelque chose de nouveau et de difficile, je me rappelle que l'échec n'est pas une fatalité, mais une étape vers l'apprentissage. Et devinez quoi ? L'italien est devenu une de mes passions, preuve que même les vieilles croyances peuvent être changées avec un état d'esprit de croissance.

S**oyez votre propre avocat** : Parlez-vous avec bienveillance et encouragement, comme vous le feriez pour un ami.

Un soir, après une journée particulièrement difficile, je me suis retrouvée à ruminer tout ce qui s'était mal passé. "*Tu aurais dû faire mieux*", "*Pourquoi est-ce que tu n'arrives jamais à tout gérer ?*", "*Vraiment, Aurélie, tu es une vraie catastrophe aujourd'hui.*" J'étais en train de me démolir intérieurement, quand soudain, j'ai eu un flash : "*Est-ce que je parlerais comme ça à ma meilleure amie ?*"

Évidemment, la réponse était non. Si ma meilleure amie avait vécu la même journée, je lui aurais dit : "*Ne t'inquiète pas, tu as fait de ton mieux. C'est juste une journée difficile, demain sera meilleur.*" C'est là que j'ai réalisé à quel point j'étais dure avec moi-même, bien plus qu'avec quiconque d'autre.

Ce soir-là, j'ai décidé de changer de ton. Je me suis assise, j'ai pris une grande respiration, et j'ai commencé à me parler avec bienveillance : "*Aujourd'hui n'a pas été facile, mais tu as fait de ton mieux. Tu mérites du repos et de la gentillesse, tout comme n'importe qui d'autre.*" Ça m'a fait un bien fou. Depuis, chaque fois que je sens la critique intérieure monter, je me rappelle d'être mon propre avocat, celui qui plaide toujours en ma faveur. Parce qu'après tout, si je ne suis pas là pour moi, qui le sera ?

Gestion des situations stressantes

Apprenez à dire non : Refusez poliment les engagements qui pourraient surcharger votre esprit.

Il y a quelque temps, j'avais une fâcheuse habitude : dire oui à tout. Invité à un dîner ? Oui ! Besoin d'un coup de main pour organiser un événement ? Oui ! Participer à un projet de dernière minute ? Bien sûr, pourquoi pas ! Jusqu'au jour où, après avoir dit "oui" à une énième demande, je me suis retrouvée à devoir jongler avec trois engagements différents en même temps. J'étais épuisée, stressée, et complètement débordée.

Un samedi matin, alors que je courais pour préparer un brunch, répondre à des e-mails urgents, et réviser une présentation pour lundi, mon téléphone a sonné. C'était un collègue qui me demandait si je pouvais l'aider à déménager le lendemain. Mon premier réflexe ? Dire oui, bien sûr. Mais juste avant de prononcer ce mot fatidique, j'ai eu une vision de moi-même, le dos en compote, courant d'une tâche à l'autre comme un poulet sans tête.

Alors, pour la première fois depuis longtemps, j'ai pris une grande inspiration et j'ai dit : "Non, désolée, je ne peux pas. J'ai déjà beaucoup de choses à faire." J'attendais presque une réaction catastrophique, mais mon collègue a simplement répondu : "Pas de souci, je trouverai quelqu'un d'autre." C'était tout ?! Pas de drame, pas de malentendu, juste une réponse simple et acceptée.

Ce petit mot, "non", m'a libérée d'une énorme charge mentale. Depuis, je m'entraîne à dire non quand je sens que mon assiette est déjà bien pleine. Et vous savez quoi ? Mon esprit me remercie chaque jour de lui offrir un peu plus de légèreté. Parce qu'après tout, on ne peut pas être partout, et c'est bien mieux comme ça !

Pratiquez l'auto-compassion : Soyez indulgent envers vous-même en cas d'erreur ou de faiblesse mentale.

Un jour, après avoir commis une petite erreur au travail, je me suis retrouvée à ruminer toute la soirée. "*Comment as-tu pu laisser passer ça ?*", "*Tu aurais dû être plus attentive*", "*C'est vraiment impardonnable.*" J'étais ma pire critique, et je ne me laissais aucun répit. Pour moi, cet échec était énorme, même si, en réalité, il n'avait pas tant d'importance.

Le lendemain, en discutant avec une amie, je lui ai raconté mon "drame". Elle m'a regardée, surprise, et m'a dit : "Mais tu ne penses pas que tu es un peu trop dure avec toi-même ? Tout le monde fait des erreurs !" Cette remarque m'a frappée. C'est vrai, si quelqu'un d'autre avait fait la même erreur, je l'aurais consolé, encouragé, et j'aurais dit que ce n'était pas grave.

J'ai alors décidé de m'offrir la même gentillesse. Au lieu de me flageller mentalement, j'ai pris un moment pour reconnaître que je suis humaine, que l'erreur est humaine, et que cela ne définissait pas ma valeur. "*Aurélie, c'est juste une petite erreur, pas la fin du monde*", me suis-je dit, avec un sourire. Et en me parlant ainsi, j'ai ressenti une immense bouffée de soulagement.

Depuis, chaque fois que je trébuche ou que je me sens dépassée, je pratique l'auto-compassion. Je me rappelle que la vie n'est pas un examen de perfection, et que je mérite autant de bienveillance que j'en offrirais à un ami. C'est un petit geste qui fait toute la différence dans mon quotidien.

Concentrez-vous sur le présent : Utilisez des techniques de pleine conscience pour rester ancré dans l'instant présent.

Un après-midi, alors que je me promenais dans un parc, je me suis soudain rendue compte que je n'étais pas du tout présente. Mon esprit était en train de passer en revue une liste interminable de choses à faire : "*Ne pas oublier d'acheter du lait*", "*Répondre à cet e-mail urgent*", "*Préparer la réunion de demain*". Pendant ce temps, le soleil brillait, les oiseaux chantaient, et moi, j'étais complètement absente de ce moment magnifique.

C'est alors que j'ai décidé de faire quelque chose de différent. J'ai arrêté de marcher, pris une grande respiration, et me suis concentrée sur ce qui m'entourait : la sensation du soleil sur ma peau, le bruit des feuilles sous mes pieds, le parfum des fleurs dans l'air. À ma grande surprise, cette simple pause a eu un effet instantané. Mon esprit s'est calmé, mes préoccupations se sont estompées, et j'ai ressenti une profonde paix intérieure.

J'ai réalisé ce jour-là que le présent est un cadeau précieux que je néglige souvent en étant trop focalisée sur l'avenir ou sur mes préoccupations. Depuis, j'essaie d'intégrer ces moments de pleine conscience dans ma journée, que ce soit en savourant un café, en écoutant de la musique, ou en regardant le coucher du soleil. Chaque fois que mon esprit s'égare, je me rappelle doucement de revenir au présent. Et honnêtement, c'est là que je trouve le plus de joie et de sérénité, loin des pensées frénétiques qui encombrent mon esprit.

Évitez la pensée catastrophique : Refusez de sauter aux conclusions négatives sans preuves solides.

Alors que j'étais en train de préparer un dîner avec des amis, je me suis retrouvée dans une situation plutôt embarrassante. Mon plat principal, une recette que je voulais absolument réussir pour impressionner tout le monde, a pris une teinte légèrement... carbonisée. En voyant la fumée s'échapper du four, mon esprit a immédiatement sauté à la conclusion la plus dramatique : "*C'est fini, tout le monde va penser que je suis une cuisinière désastreuse, personne ne voudra plus jamais venir dîner chez moi, et je serai bannie des dîners en société pour toujours !*"

Heureusement, après quelques secondes de panique, j'ai pris une grande respiration et je me suis dit : "*Aurélie, est-ce que c'est vraiment aussi grave ?*" J'ai sorti le plat du four, et en fait, après avoir enlevé la couche supérieure un peu trop cuite, il restait encore quelque chose de tout à fait comestible (et même plutôt bon, si je puis dire).

Finalement, le dîner s'est bien passé, mes amis ont adoré le repas, et personne n'a même remarqué le léger incident culinaire. Ce jour-là, j'ai appris que la pensée catastrophique peut transformer une petite déception en véritable apocalypse... mais seulement dans notre tête. Depuis, chaque fois que mon esprit commence à imaginer le pire, je me rappelle que, souvent, les choses ne sont pas aussi dramatiques qu'elles le semblent au premier abord.

Pratiquez la résilience mentale : Entraînez-vous à rebondir rapidement après des échecs ou des déceptions.

Mon nouveau projet créatif : la peinture. J'avais cette vision grandiose de moi-même en train de créer un chef-d'œuvre digne d'un musée. Alors, j'ai acheté une toile, des pinceaux, et des peintures, et je me suis installée pour créer mon futur tableau. Cependant, après quelques heures de travail, il était clair que ma vision et la réalité ne s'alignaient pas du tout. Mon chef-d'œuvre ressemblait plutôt à un dessin d'enfant malheureux avec trop de peinture et un sens douteux des proportions.

Mon premier réflexe a été de vouloir tout jeter à la poubelle et de me dire : "*Je ne suis vraiment pas faite pour ça.*" Mais au lieu de céder à la déception, j'ai décidé de faire preuve de résilience. J'ai pris un moment pour me rappeler que tous les grands artistes ont commencé quelque part, souvent par des tentatives ratées. Alors, j'ai ri de moi-même, j'ai pris une nouvelle toile, et je me suis lancée à nouveau, sans pression cette fois-ci, juste pour le plaisir.

Au fil du temps, mes peintures se sont améliorées, et même si je suis encore loin d'exposer dans un musée, j'ai appris à aimer le processus de création, avec tous ses hauts et ses bas. La résilience, c'est comme un muscle : plus on l'exerce, plus il devient fort. Et franchement, rebondir après un échec a un goût de victoire bien plus savoureux que le succès immédiat.

Développez des stratégies d'adaptation : Apprenez des techniques de gestion du stress comme la respiration profonde ou le yoga.

Il y a quelques mois, je me suis retrouvée dans une période particulièrement stressante. Entre les deadlines au travail, les obligations personnelles, et quelques imprévus (comme cette fameuse facture oubliée qui est arrivée avec un petit bonus en retard), mon esprit était sur le point d'exploser. C'est alors qu'une amie m'a recommandé d'essayer le yoga pour me détendre.

Avec un certain scepticisme, je me suis inscrite à un cours de yoga. Le premier cours a été... intéressant. En plein milieu d'une posture (le fameux "chien tête en bas"), j'ai commencé à me demander si je n'avais pas oublié de verrouiller la porte de ma maison, puis à paniquer à l'idée de tout ce qui pourrait mal se passer. Bref, mon esprit était partout sauf sur mon tapis de yoga.

Mais quelque chose a changé quand l'instructrice nous a guidés dans une séance de respiration profonde à la fin du cours. Je me suis concentrée sur ma respiration, inspirant lentement, expirant profondément, et pour la première fois depuis des semaines, j'ai ressenti un calme profond. C'était comme si, soudainement, le poids du stress s'était allégé.

Depuis ce jour, j'ai intégré la respiration profonde et le yoga dans ma routine quotidienne. Chaque fois que je sens le stress monter, je prends quelques minutes pour respirer profondément, ou je fais quelques postures simples pour recentrer mon esprit. Ces petites techniques d'adaptation m'ont non seulement aidée à gérer le stress, mais elles ont aussi apporté une sérénité que je ne pensais pas possible. Et maintenant, je peux enfin faire un "chien tête en bas" sans penser à ma porte d'entrée !

Préparez-vous pour les imprévus : Ayez un plan pour gérer les situations inattendues sans panique.

J'ai découvert que ma voiture refusait de démarrer alors que je m'apprêtais à partir pour une réunion importante. Panique immédiate : "*Comment vais-je arriver à temps ?!*" Mon esprit a commencé à imaginer toutes les catastrophes possibles : "*Je vais manquer la réunion, ils vont penser que je suis irresponsable, et tout mon travail sera remis en question !*"

Mais avant de céder complètement à la panique, je me suis rappelée que j'avais un plan B. Quelques semaines auparavant, j'avais pris l'habitude de toujours garder les coordonnées d'un service de taxi local et d'une application de covoiturage à portée de main, "au cas où". C'était une idée que j'avais eue après plusieurs incidents où les choses ne s'étaient pas passées comme prévu.

J'ai rapidement réservé un taxi, ai prévenu mes collègues que j'arriverais avec quelques minutes de retard, et j'ai pris une grande respiration. En fin de compte, tout s'est bien passé. Le taxi est arrivé rapidement, j'ai même eu le temps de réviser mes notes pendant le trajet, et j'ai commencé la réunion sereinement. Ce jour-là, j'ai réalisé l'importance d'être prête pour les imprévus. Depuis, chaque fois que quelque chose ne se passe pas comme prévu, je me rappelle que j'ai un plan en place et qu'il n'y a pas de raison de paniquer. Et honnêtement, ça rend les journées beaucoup moins stressantes !

Limitez les anticipations négatives : Ne vous projetez pas dans l'avenir avec des scénarios de pire cas.

Je me souviens d'une période où j'avais un rendez-vous médical important, et comme à mon habitude, mon esprit a commencé à anticiper tous les scénarios les plus sombres. *"Et si c'est quelque chose de grave ?"*, *"Et si je dois faire des examens supplémentaires ?"*, *"Et si... et si... et si... ?"* En quelques minutes, j'étais déjà en train de m'imaginer dans une situation catastrophique, alors que je n'avais même pas encore vu le médecin.

Le jour du rendez-vous, en attendant dans la salle d'attente, j'ai pris conscience de l'absurdité de mes pensées. Je me suis dit : *"Tu te prépares à affronter des dragons, alors qu'il n'y a même pas de vent ! Pourquoi ne pas attendre d'avoir des faits avant de partir dans ces anticipations négatives ?"*

Quand le médecin m'a finalement appelée, tout s'est déroulé normalement. Il n'y avait rien d'inquiétant, juste une petite mise au point nécessaire. En sortant du cabinet, j'ai ri de moi-même. Toutes ces heures passées à stresser pour rien ! Depuis, chaque fois que mon esprit commence à anticiper le pire, je me rappelle cette visite et je me dis : *"Attends d'avoir les faits avant de t'inquiéter."* Et honnêtement, cela m'a épargné bien des nuits blanches et des angoisses inutiles.

Évitez la comparaison avec les autres : Concentrez-vous sur votre propre progression plutôt que sur ce que font les autres.

Il y a des mois maintenant, je m'étais mise en tête de commencer à courir. Très motivée, j'avais téléchargé une application de course et décidé de m'y mettre sérieusement. Mais après mes premières sorties, j'ai fait l'erreur fatale de regarder les performances des autres utilisateurs de l'application. "*Quoi ? Cette personne court 10 km en moins de 50 minutes ? Et moi, je peine à finir mes 5 km en 35 minutes !*"

Très vite, j'ai commencé à me décourager. Pourquoi ne pouvais-je pas courir aussi vite que ces autres coureurs ? J'étais sur le point de tout abandonner, jusqu'à ce qu'une amie me rappelle une vérité simple mais puissante : "*Pourquoi tu te compares à des personnes qui courent peut-être depuis des années ? Chacun a son propre rythme et ses propres progrès.*"

Cela m'a fait réfléchir. J'ai décidé de ne plus regarder les performances des autres et de me concentrer uniquement sur mes propres progrès. Après tout, il y a quelques semaines, je n'aurais jamais imaginé courir 5 km, alors pourquoi ne pas célébrer ça ? Depuis, je note mes propres petites victoires : chaque kilomètre supplémentaire, chaque minute gagnée, chaque course où je me sens un peu plus forte.

Et vous savez quoi ? Courir est devenu beaucoup plus plaisant quand j'ai arrêté de me comparer aux autres. Parce qu'en fin de compte, l'important n'est pas d'être le plus rapide, mais de profiter du chemin parcouru à son propre rythme.

Réévaluez les échecs : Voyez les échecs comme des occasions d'apprendre plutôt que comme des catastrophes personnelles.

Il y a quelques années, j'avais décidé de participer à un concours de pâtisserie amateur dans mon quartier. J'étais excitée à l'idée de montrer mes talents en cuisine, alors j'ai choisi de préparer ma spécialité : une tarte au citron meringuée. Après des heures de travail acharné, j'ai fièrement apporté ma tarte au concours, imaginant déjà les compliments que je recevrais et, pourquoi pas, la petite médaille d'or qui viendrait couronner mes efforts.

Mais lorsque le jury a goûté ma tarte, j'ai vite compris que quelque chose n'allait pas. Les sourires étaient forcés, et l'un des jurés a même toussé après avoir pris une bouchée. En jetant un coup d'œil à ma tarte, j'ai réalisé que j'avais oublié d'ajouter le sucre dans la meringue. Oui, une meringue sans sucre... Autant dire que c'était un échec cuisant (et sans saveur).

En rentrant chez moi, j'étais dévastée. "Comment ai-je pu faire une erreur aussi stupide ?" me répétais-je sans cesse. Pendant quelques jours, j'ai évité de penser à la pâtisserie, convaincue que je n'étais pas faite pour ça. Mais ensuite, j'ai repensé à l'ensemble de l'expérience et j'ai décidé de changer de perspective. Au lieu de me lamenter, j'ai choisi de voir cet échec comme une leçon précieuse : toujours vérifier mes ingrédients avant de commencer, et surtout, ne jamais sous-estimer l'importance du sucre !

La fois suivante, j'ai préparé une nouvelle tarte (avec du sucre cette fois) pour une soirée entre amis, et elle a été un véritable succès. Cet échec m'a non seulement appris à être plus attentive en cuisine, mais il m'a aussi montré que les erreurs font partie du processus d'apprentissage. Depuis, chaque fois que quelque chose ne se passe pas comme prévu, je me rappelle que l'échec est simplement une étape sur le chemin de la réussite... et, parfois, une histoire amusante à raconter lors des dîners.

Optimisation de l'équilibre mental

Pratiquez des exercices physiques réguliers : L'exercice aide à libérer des endorphines qui apaisent l'esprit.

Un matin, j'ai voulu prendre d'un coup ma vie en main, vous voyez le genre, le truc de se lancer dans une routine d'exercice pour "me sentir plus en forme et libérer des endorphines", comme tout le monde le recommande. Alors, armée de ma nouvelle tenue de sport et d'une playlist motivante, je suis sortie courir pour la première fois depuis… disons, un bon moment. Les premières minutes ont été assez prometteuses : je me sentais pleine d'énergie, presque invincible. Mais au bout de dix minutes, la réalité m'a rattrapée. Mon souffle est devenu court, mes jambes lourdes, et j'ai commencé à me demander pourquoi je m'infligeais ça.

C'est à ce moment-là que j'ai croisé un groupe de joggeurs qui semblaient courir avec une facilité déconcertante, comme s'ils flottaient sur l'air. Moi, de mon côté, je me débattais pour mettre un pied devant l'autre. Alors que j'étais tentée de m'arrêter, j'ai pensé à ces fameuses endorphines qui devaient être quelque part, prêtes à me récompenser. J'ai donc continué, en me disant que si je les trouvais, ça en vaudrait la peine.

Finalement, après avoir survécu à mon parcours (bon, j'ai peut-être marché un peu plus que prévu), je suis rentrée chez moi épuisée mais fière. Et les endorphines ont finalement fait leur apparition ! J'ai ressenti un bien-être inexplicable, un mélange de satisfaction et de légèreté. Depuis, même si chaque course n'est pas facile, je sais que l'effort en vaut la peine. Et ces fameuses endorphines ? Elles sont devenues mes alliées, même si elles se font parfois désirer !

Mangez de manière équilibrée : Une alimentation saine influence positivement la clarté mentale.

A la fin d'une semaine particulièrement stressante, je me suis retrouvée à céder aux sirènes des plats tout préparés et des snacks sucrés. Pizza surgelée, chips, chocolat… c'était un vrai festival culinaire (ou plutôt un naufrage, devrais-je dire). Sur le moment, ça m'a semblé être une bonne idée : pas de cuisine, pas de vaisselle, juste du "confort food" à volonté.

Mais rapidement, j'ai commencé à ressentir les effets de ce régime. Mon énergie a chuté, mon humeur était plus maussade que jamais, et mon esprit semblait enveloppé d'un brouillard épais. Un matin, alors que je me sentais particulièrement léthargique, j'ai eu un moment de révélation en me regardant dans le miroir : "*Aurélie, il est temps de reprendre les choses en main.*"

J'ai donc décidé de revoir mon alimentation. J'ai troqué les pizzas pour des salades colorées, les chips pour des fruits frais, et le chocolat (bon, pas complètement, mais en version plus modérée). En quelques jours, j'ai remarqué une différence incroyable : mon esprit était plus clair, mon énergie revenue, et même mon humeur s'était nettement améliorée. Cette expérience m'a appris que l'alimentation n'est pas juste une question de plaisir instantané, mais aussi de bien-être à long terme. Et honnêtement, une salade croquante peut être tout aussi satisfaisante qu'une part de pizza… la plupart du temps !

Assurez-vous d'un sommeil réparateur : Un sommeil de qualité est crucial pour un esprit reposé.

J'ai été pendant longtemps la reine des nuits blanches. Pas parce que j'avais envie de faire la fête ou de regarder des séries, mais parce que je ne parvenais tout simplement pas à dormir. Mon esprit tournait en boucle, passant en revue tout ce que j'avais fait ou oublié de faire, ce que je devais accomplir le lendemain, et ce que je craignais de rater. Bref, c'était comme si mon cerveau refusait de passer en mode veille.

Un soir, après une énième tentative infructueuse de m'endormir, j'ai décidé d'essayer quelque chose de différent. J'ai éteint tous les écrans bien avant de me coucher, j'ai pris un bon livre (rien de trop excitant, juste quelque chose de doux), et j'ai bu une tisane à la camomille en me disant que ça ne pourrait pas faire de mal. Et surtout, j'ai décidé de laisser tomber toutes les pensées stressantes. *"Elles seront encore là demain, inutile de les inviter dans mon lit,"* me suis-je dit.

À ma grande surprise, j'ai dormi comme un bébé cette nuit-là. Le lendemain, je me suis réveillée avec une énergie nouvelle et une clarté mentale que je n'avais pas ressentie depuis longtemps. Depuis, je m'assure de respecter une routine de coucher apaisante, et j'ai compris que rien ne vaut un bon sommeil réparateur. Et si jamais mon esprit commence à s'agiter, je lui dis gentiment : *"Ce n'est pas l'heure de penser, c'est l'heure de dormir."* Parce qu'après tout, même le cerveau a besoin de vacances !

Entourez-vous de positivité : Choisissez des personnes et des environnements qui nourrissent votre bien-être mental.

Il y a quelque temps, je traversais une période un peu morose, où tout semblait plus compliqué que d'habitude. Mes journées étaient remplies de stress, et j'avais l'impression que tout le monde autour de moi partageait le même état d'esprit négatif. Un soir, après une énième conversation pleine de plaintes et de "c'était mieux avant", j'ai réalisé que je devais changer quelque chose. "Ma chère, tu as clairement besoin de plus de soleil dans ta vie, et je ne parle pas de la météo," me suis-je dit.

J'ai donc décidé de faire un petit audit social. J'ai commencé à passer plus de temps avec des amis qui voyaient le verre à moitié plein, ceux qui avaient le don de me faire sourire même les jours de pluie. J'ai aussi fait un effort pour m'entourer d'un environnement plus lumineux et joyeux : j'ai ajouté des plantes vertes dans mon appartement, accroché des photos de souvenirs heureux, et même mis des post-it avec des messages positifs sur mon frigo.

En quelques semaines, j'ai remarqué une différence incroyable. Non seulement mon humeur s'était nettement améliorée, mais j'avais aussi plus d'énergie et d'enthousiasme pour affronter les défis quotidiens. Comme quoi, un peu de positivité autour de soi, ça fait toute la différence. Et honnêtement, qui n'aime pas recevoir un sourire ou un bon mot pour démarrer la journée du bon pied ?

Pratiquez la gestion du temps : Planifiez votre journée de manière à équilibrer travail et loisirs.

Je me suis retrouvée coincée dans une journée où tout était urgent. Chaque minute semblait comptée, et je sautais d'une tâche à l'autre comme une funambule essayant de ne pas tomber.

À la fin de la journée, j'étais épuisée, et pire encore, j'avais l'impression de n'avoir rien accompli. Je me suis dit : *"Ce n'est pas une vie, c'est une course contre la montre permanente."*

Le lendemain, j'ai décidé de faire les choses différemment. J'ai pris quelques minutes pour planifier ma journée en me concentrant sur ce qui était vraiment important. J'ai aussi décidé de m'accorder des pauses régulières, même si elles ne duraient que cinq minutes. À ma grande surprise, cette simple planification a transformé ma journée. J'avais du temps pour tout, y compris pour moi-même.

Mais le moment le plus révélateur est arrivé lorsque, lors d'une pause impromptue, j'ai réalisé que je n'avais pas ri de bon cœur depuis des jours. Alors, j'ai décidé de regarder une petite vidéo amusante, juste pour le plaisir. Ce simple acte m'a rappelé que le travail est important, mais que le rire et le plaisir le sont tout autant. Depuis, je m'efforce de maintenir un équilibre entre travail et loisirs, et de ne jamais oublier que la vie, c'est aussi prendre le temps de profiter des petites choses.

Prenez du temps pour vous : Accordez-vous des moments de détente pour recharger votre esprit.

Il y a quelques mois, j'étais tellement prise dans le tourbillon des responsabilités que j'avais complètement oublié ce que c'était que de prendre du temps pour moi. Chaque minute de ma journée semblait être réservée à quelqu'un ou quelque chose d'autre. Mais un samedi après-midi, alors que je me trouvais seule à la maison, j'ai eu un déclic. "*Quand est-ce que tu t'es accordée un vrai moment de détente pour la dernière fois ?*"

Je me suis donc fait une promesse : cette journée serait pour moi. J'ai mis mon téléphone en mode avion, préparé un bain moussant avec tous les parfums relaxants possibles, et j'ai sorti ce roman que je voulais lire depuis des mois. Pendant quelques heures, j'ai totalement déconnecté du monde extérieur. Pas d'e-mails, pas de réseaux sociaux, juste moi, un bon livre, et des bulles.

À la fin de cette après-midi, je me sentais comme une nouvelle personne. Mon esprit était reposé, mon humeur améliorée, et j'avais retrouvé cette petite étincelle de joie que j'avais perdue. Depuis, j'ai intégré ces moments de détente dans ma routine, même s'ils ne durent que quelques minutes. Et maintenant, chaque fois que je sens la pression monter, je me rappelle que prendre du temps pour moi n'est pas un luxe, mais une nécessité. Après tout, comment puis-je prendre soin des autres si je ne prends pas soin de moi d'abord ?

Évitez la procrastination : Adoptez la règle des 2 minutes : si une tâche prend moins de 2 minutes, faites-la immédiatement.

Il y a un moment, plus jeune, où j'étais la reine de la procrastination. Mes étagères étaient pleines de "petites" tâches inachevées : des e-mails à envoyer, des papiers à classer, et même cette ampoule dans le couloir qui clignotait depuis des semaines. Je me disais toujours : "*Je le ferai plus tard, ça ne prendra que deux minutes.*" Mais ce "plus tard" se transformait souvent en "jamais".

Un jour, en lisant un article sur la gestion du temps, je suis tombée sur la fameuse règle des 2 minutes. "Si une tâche prend moins de 2 minutes, fais-la immédiatement." J'ai décidé de la tester. Le lendemain, quand j'ai vu cet e-mail non lu qui me hantait depuis des jours, au lieu de le laisser traîner encore, je l'ai ouvert et répondu en moins d'une minute. Puis, j'ai remplacé l'ampoule clignotante en un rien de temps.

Le plus drôle, c'est que ces petites actions accumulées m'ont donné un sentiment d'accomplissement disproportionné par rapport à l'effort requis. C'est devenu presque un jeu : dès que je voyais quelque chose qui prenait moins de 2 minutes, je le faisais tout de suite. Et devinez quoi ? Ma liste de petites tâches a finalement cessé de ressembler à un inventaire interminable. Depuis, j'essaie d'appliquer cette règle chaque jour, et ça marche à merveille. Plus besoin de laisser ces petites choses s'accumuler et me stresser !

É **crivez un journal quotidien** : Noter vos pensées chaque jour vous aide à les organiser et à les comprendre.

J'ai voulu essayer de tenir un journal quotidien. Au début, l'idée de consig*ner mes pensées tous les jours me semblait un peu inutile.* "*Qu'est-ce que j'ai de si intéressant à écrire ?*" me demandais-je. Mais j'étais curieuse, alors j'ai acheté un joli carnet et commencé à écrire chaque soir, juste quelques lignes sur ma journée.

Les premiers jours, mes entrées étaient plutôt banales : "*Aujourd'hui, j'ai mangé une salade,*" ou "*Il a plu toute la journée.*" Mais rapidement, j'ai commencé à creuser un peu plus profondément. J'ai noté mes frustrations, mes joies, mes doutes, et mes petites victoires.

Un jour, en relisant ce que j'avais écrit, j'ai réalisé quelque chose de surprenant : mes pensées n'étaient pas aussi chaotiques que je le croyais. En fait, elles suivaient souvent un schéma, et les mettre sur papier m'aidait à les comprendre, à les organiser, et même à trouver des solutions à certains de mes problèmes.

Un soir, après une journée particulièrement stressante, j'ai pris mon carnet et commencé à écrire tout ce qui me passait par la tête. En quelques minutes, j'ai senti mon esprit se calmer, comme si j'avais vidé un peu du trop-plein qui bouillonnait en moi. Depuis, tenir un journal est devenu une habitude que j'apprécie vraiment. Mes entrées sont devenues de plus en plus intéressantes, même si elles ne sont destinées qu'à moi. C'est un peu comme avoir une conversation avec soi-même, sauf que c'est écrit noir sur blanc.

Créez un plan d'action pour les situations de stress : Ayez des stratégies prêtes à l'emploi pour gérer le stress efficacement.

Un jour, j'ai vécu l'une de ces journées où tout ce qui pouvait mal tourner a mal tourné, et même les choses les plus simples semblaient conspirer contre moi. Tout a commencé par un réveil en retard, le genre de matin où on se réveille en sursaut en réalisant que l'on a déjà vingt minutes de retard. J'ai sauté hors du lit, enfilé mes vêtements à la va-vite, et filé vers mon travail, seulement pour me retrouver coincée dans un embouteillage monstre. Chaque minute de plus passée dans la voiture faisait monter la pression, et mes pensées se précipitaient : "*Je vais être en retard pour cette réunion super importante... Quelle impression ça va donner ?*"

Arrivée au bureau, déjà bien stressée, les choses ne se sont pas améliorées. En ouvrant mon ordinateur, j'ai découvert que le dossier sur lequel je travaillais depuis des jours avait mystérieusement disparu. Il s'était volatilisé, probablement englouti par les méandres numériques de mon disque dur. J'ai cherché partout, parcouru mes fichiers, relancé des recherches désespérées, mais rien n'y faisait. La panique montait en moi, et je sentais mes nerfs se tendre de plus en plus.

Comme si cela ne suffisait pas, en quittant le bureau, un orage s'est abattu sur la ville, transformant mon trajet de retour en une véritable odyssée. La pluie tombait si fort que je pouvais à peine voir à travers le pare-brise. Les rues inondées ralentissaient le trafic à un rythme d'escargot, et chaque klaxon me semblait une attaque personnelle. Quand je suis enfin arrivée chez moi, trempée et épuisée, j'étais sur le point d'exploser. Mon esprit tournait en boucle, ressassant tout ce qui avait mal tourné, et je sentais que j'étais à deux doigts de craquer.

C'est en m'asseyant, complètement vidée, que j'ai eu une prise de conscience : je n'avais jamais vraiment réfléchi à la façon de gérer ce genre de situation. Mon esprit s'était laissé emporter par le stress, sans aucun moyen de le contenir. Alors, j'ai décidé qu'il était temps de créer un "plan d'action anti-stress". J'ai pris un moment pour réfléchir à ce qui me détendait vraiment, à ces petites choses qui pouvaient m'apporter du réconfort. Une tasse de thé chaud est apparue en premier dans mon esprit, suivie de l'idée d'un bain moussant enveloppant. J'ai également pensé à mon album de musique préféré, celui qui a le don de m'apaiser même dans les moments les plus tendus.

Ensuite, je me suis rappelée des techniques de respiration que j'avais apprises lors d'un cours de yoga. Des respirations profondes, lentes, qui aident à calmer le tumulte intérieur. J'ai décidé de les inclure dans mon plan, pour pouvoir les utiliser chaque fois que je sentirais le stress monter en flèche. Enfin, j'ai réalisé qu'une activité créative, comme dessiner ou jardiner, m'avait toujours aidée à me recentrer. J'ai donc décidé de m'accorder du temps pour ces activités chaque fois que le stress devenait trop intense.

La prochaine fois que le stress a commencé à me submerger, j'ai sorti mon plan d'action. J'ai mis en œuvre chaque étape, presque comme si je suivais une recette. À ma grande surprise, ça a fonctionné ! Mon esprit, qui semblait jusque-là prêt à imploser, s'est lentement calmé, et j'ai retrouvé une clarté mentale que je n'avais pas ressentie depuis le matin. C'était presque magique de voir comment ces petites stratégies, si simples en apparence, pouvaient transformer une situation stressante en un moment de calme relatif.

Depuis ce jour, mon plan d'action est toujours prêt, un allié fidèle pour ces moments où tout semble aller de travers. Et honnêtement, c'est extrêmement rassurant de savoir que, peu importe ce que la journée me réserve, j'ai un plan pour rester maître de mes émotions. Parce qu'au fond, avoir un plan, c'est déjà commencer à reprendre le contrôle.

Célébrez vos réussites : Prenez le temps de reconnaître vos progrès et vos accomplissements, même les plus petits.

J'avais l'habitude de passer d'une tâche à l'autre sans vraiment prendre le temps de m'arrêter pour apprécier ce que j'avais accompli. C'était toujours *"Qu'est-ce qui vient ensuite ?"* ou *"Comment puis-je faire mieux ?"* Je m'efforçais constamment de franchir la prochaine étape sans regarder en arrière. Un jour, après avoir bouclé un projet particulièrement exigeant, j'ai ressenti un profond sentiment de satisfaction... pendant environ cinq minutes. Puis, mon esprit est reparti de plus belle, cherchant déjà le prochain défi à relever.

Mais cette fois, quelque chose en moi a dit "stop". J'ai réalisé que je ne prenais jamais le temps de vraiment célébrer mes réussites. Alors, j'ai décidé de faire quelque chose de différent. Plutôt que de me lancer immédiatement dans la tâche suivante, j'ai pris une soirée rien que pour moi. J'ai préparé mon plat préféré, ouvert une bouteille de vin que je gardais pour une "grande occasion", et je me suis installée confortablement pour regarder un film que j'aimais bien.

Ce n'était pas une énorme célébration, rien de grandiose, mais c'était mon moment, un moment pour reconnaître que j'avais travaillé dur et que j'avais mérité cette petite pause de plaisir. Et honnêtement, ça m'a fait un bien fou. J'ai réalisé que chaque accomplissement, même petit, mérite d'être célébré. Que ce soit réussir à terminer une tâche difficile, atteindre un objectif personnel, ou même simplement survivre à une journée particulièrement stressante.

Depuis ce jour, j'ai pris l'habitude de célébrer mes petites victoires. Parfois, c'est aussi simple que de m'offrir un bon café après avoir bouclé un dossier ou de m'accorder une après-midi libre après avoir atteint un objectif. Et vous savez quoi ? Ces petites célébrations font toute la différence. Elles me rappellent que le chemin parcouru est tout aussi important que la destination. Et franchement, qui ne mérite pas un petit toast à ses propres réussites de temps en temps ?

Conclusion

Et voilà, nous sommes arrivés à la fin de ce voyage que nous avons entrepris ensemble. Un chemin parsemé de défis, de découvertes et, je l'espère, de moments où vous avez pu sourire, réfléchir, et peut-être même vous reconnaître un peu dans mes histoires. Ce que j'ai partagé avec vous, c'est plus qu'un ensemble de stratégies ou de conseils ; c'est un bout de mon parcours, de mes hauts et mes bas, et de toutes ces petites victoires que j'ai apprises à savourer.

Au fil des pages, j'espère avoir pu vous montrer que changer son état d'esprit, apprendre à mieux gérer ses pensées, et vivre de manière plus sereine, ce n'est pas un objectif lointain ou inaccessible. C'est un ensemble de petites décisions, de prises de conscience, et d'actes quotidiens qui, mis bout à bout, finissent par transformer notre manière de voir le monde. Et si je vous ai transmis ne serait-ce qu'un peu de cette conviction, alors j'ai atteint mon but.

Aujourd'hui, je peux dire avec fierté que j'ai appris à apprivoiser mon esprit. Oh, il n'est pas toujours sage, il y a encore des jours où il s'emballe, où je me perds dans mes pensées ou où je ressens le stress pointer son nez. Mais maintenant, je sais comment le ramener sur le bon chemin. J'ai mes outils, mes stratégies, et surtout, j'ai compris que chaque petit progrès mérite d'être célébré.

Je tiens à vous remercier du fond du cœur d'avoir pris le temps de lire mon ouvrage. Votre présence ici signifie beaucoup pour moi, car cela veut dire que vous avez choisi de prendre soin de vous, de votre esprit, et de votre bien-être. Si ce livre vous a aidé, même un peu, si vous vous sentez un peu plus léger, plus confiant, ou simplement plus apaisé, alors je serais ravie de le savoir.

N'hésitez pas à laisser un avis et à partager où vous en êtes maintenant, ce que vous avez découvert sur vous-même, ou même juste un petit mot pour dire comment ce livre a pu vous accompagner. Cela m'aidera non seulement à comprendre ce qui vous a touché, mais aussi à améliorer mon travail pour, peut-être, un jour continuer ce voyage ensemble.

Alors, où que vous soyez maintenant, je vous souhaite tout le meilleur pour la suite. Continuez à avancer, un petit pas à la fois, et surtout, n'oubliez jamais de célébrer vos réussites, grandes ou petites. Parce qu'au fond, ce sont elles qui font toute la différence.

Avec toute ma gratitude,

Aurélie

Printed in Great Britain
by Amazon

47222888R00071